여러분의 합격을 응원하는
해커스경찰의 특별 혜택!

KB093679

📝 무료 **회독용 답안지** [PD...]

해커스경찰(police.Hackers.com) 접속 후 로그인 ▶ 상단의 [교재 · 서뮤 → 무료 학습 자료] 클릭 ▶
본 교재 우측의 [자료받기] 클릭하여 이용

FREE 해양경찰학개론 **동영상강의**

해커스경찰(police.Hackers.com) 접속 후 로그인 ▶ 상단의 [무료강좌 → 경찰 무료강의] 클릭하여 이용

🎫 해커스경찰 온라인 단과강의 **20% 할인쿠폰**

6B35693C476688EF

해커스경찰(police.Hackers.com) 접속 후 로그인 ▶ 상단의 [내강의실] 클릭 ▶
[쿠폰/포인트] 클릭 ▶ 쿠폰번호 입력 후 이용

* 쿠폰 등록 가능 기간 : 2022년 12월 31일까지(등록 후 7일간 사용 가능)

합격예측 **모의고사 응시권 + 해설강의 수강권**

AFC64E65CC7D59B5

해커스경찰(police.Hackers.com) 접속 후 로그인 ▶ 상단의 [내강의실] 클릭 ▶
[쿠폰/포인트] 클릭 ▶ 쿠폰번호 입력 후 이용

* 쿠폰 등록 가능 기간 : 2022년 12월 31일까지(등록 후 7일간 사용 가능)

단기 합격을 위한
해커스 커리큘럼

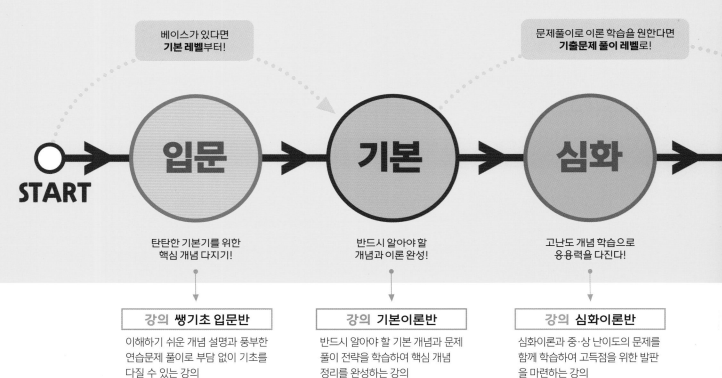

베이스가 있다면 **기본 레벨부터!**

문제풀이로 이론 학습을 원한다면 **기출문제 풀이 레벨로!**

입문

START

탄탄한 기본기를 위한
핵심 개념 다지기!

기본

반드시 알아야 할
개념과 이론 완성!

심화

고난도 개념 학습으로
응용력을 다진다!

강의 **쌩기초 입문반**

이해하기 쉬운 개념 설명과 풍부한
연습문제 풀이로 부담 없이 기초를
다질 수 있는 강의

사용교재

해커스경찰 이상훈 쌩기초
해양경찰학개론

강의 **기본이론반**

반드시 알아야 할 기본 개념과 문제
풀이 전략을 학습하여 핵심 개념
정리를 완성하는 강의

사용교재

해커스경찰 이상훈 해양경찰학개론
기본서

강의 **심화이론반**

심화이론과 중·상 난이도의 문제를
함께 학습하여 고득점을 위한 발판
을 마련하는 강의

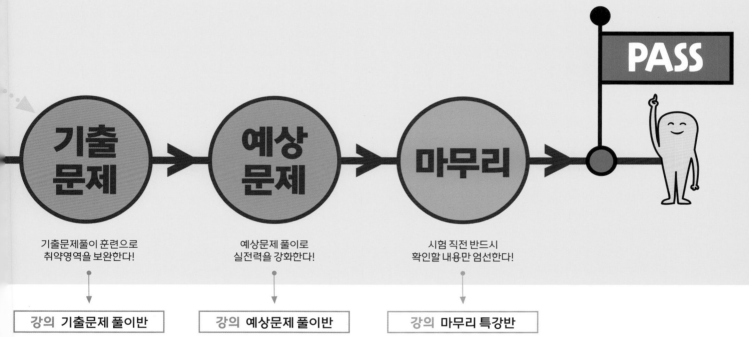

기출문제풀이 훈련으로
취약영역을 보완한다!

예상문제 풀이로
실전력을 강화한다!

시험 직전 반드시
확인할 내용만 엄선한다!

강의 기출문제 풀이반

기출문제의 유형과 출제 의도를
이해하고, 본인의 취약영역을 파악
및 보완하는 강의

강의 예상문제 풀이반

최신 출제경향을 반영한 예상문제
들을 풀어보며 실전력을 강화하는
강의

강의 마무리 특강반

경찰 시험의 최신 출제경향을 분석
하고 실전 감각을 극대화하는 강의

사용교재

해커스경찰 이상훈 해양경찰학개론
기출문제집

해커스경찰 **단기 합격생**이 말하는

경찰 합격의 비밀!

해커스경찰과 함께라면
다음 합격의 주인공은 바로 여러분입니다.

완전 노베이스로 시작,
8개월 만에 인천청 합격!

강*혁 합격생

형사법 부족한 부분은 모의고사로 채우기!

—

기본부터 기출문제집과 같이 병행해서 좋았던 것 같습니다. 그리고 1차 시험 보기 전까지 심화 강의를 끝냈는데 **개인적으로 심화강의 추천**드립니다. 안정적인 실력이 아니라 생각해서 기출 후 **전범위 모의고사에서 부족한 부분들을 많이 채워** 나간 것 같습니다.

법 계열 전공,
1년 이내 대구청 합격!

배*성 합격생

외우기 힘든 경찰학, 방법은 회독과 복습!

—

경찰학의 경우 양이 워낙 방대하고 휘발성이 강한 과목이라고 생각합니다. (중략) 지속적으로 **회독**을 하였으며, **모의고사를 통해서 틀린 부분을 복습**하고 그 범위를 **다시 한 번 책**으로 돌아가서 봤습니다.

이과 계열 전공,
6개월 만에 인천청 합격!

서*범 합격생

법 과목 공부법은 기본과 기출 회독!

—

법 과목만큼은 **인강을 반복**해서 듣고 **기출을 반복**해서 읽고 풀었습니다. 익숙해질 필요가 있다고 생각해서 **회독에 더 집중**했습니다. 익숙해진 이후로는 **오답도 챙기**면서 공부했습니다.

더 많은 합격수기가 궁금하다면? ▶

해커스경찰

이상훈
해양경찰학개론

기출문제집

해커스경찰

이상훈

약력

현 | 해커스 경찰학원 해양경찰학개론, 경찰학개론 강의
부산 한국경찰학원 해양경찰학개론, 경찰학개론 강의
대구가톨릭대학교 산학협력교수

전 | 전주 한빛경찰학원 경찰학개론 강의
윌비스 경찰학원 경찰학개론 강의
광주 스마트경찰학원 경찰학개론, 행정법 강의
대전 한국경찰학원 경찰학개론 강의

저서

경찰학개론(기본서), 서울고시각, 2015~2017
경찰학개론 알고리즘(필기노트), 서울고시각, 2015
참수리 기출문제집, 유스터디, 2017
해커스경찰 경찰학개론, 해커스패스, 2018~2021
해커스경찰 경찰학개론 최신기출문제집, 해커스패스, 2019~2021
해커스경찰 해양경찰학개론, 해커스패스, 2021

서문

지난 2018년부터 시험과목에 편입된 해양경찰학개론의 경우 아직까지는 기출문제의 수가 많지 않아서 정확한 출제경향이라든가 출제범위를 추정하기가 어려운 것이 현실입니다. 평소에 열심히 공부를 한 수험생이라고 하더라도 시험장에서 전혀 공부한 적이 없는 부분에서 문제가 출제될 수 있고, 또한 이미 출제되었던 영역이라고 하더라도 공부의 범위를 어디까지 설정해야 할지도 명확하지 않습니다. 결국 이런 불명확성 때문에 실제로 많은 수험생들이 해양경찰학개론을 공부하는 데 큰 압박감을 느끼게 됩니다.

그렇지만 다행스러운 것은 기존의 해양경찰 간부시험이나 승진시험에서 해양경찰학개론과 관련된 문제들이 출제되었고, 해당 문제들의 출제경향을 통해 앞으로 출제될 문제들의 방향성을 예측할 수 있다는 점입니다. 본서는 해양경찰 간부시험과 승진시험, 그리고 순경시험에서 출제되었던 기출문제를 분석하여 앞으로 수험생들이 공부해야 할 부분과 범위를 확인하고 학습량을 최소화할 수 있도록 구성했습니다.

또한 해양경찰학개론은 형법이나 형사소송법과는 다르게 판례보다는 실정법 규정이 그대로 출제되는 경우가 대부분입니다. 그러므로 이러한 출제경향에 대응하기 위하여 본서는 다음과 같은 점에 유의하여 구성하였습니다.

첫째, 시험에 출제되는 실정법 규정을 해설에 가능한 한 그대로 수록하여 시험장에서 마주하게 될 지문들을 해설을 통해 자주 접할 수 있도록 구성하였습니다. 기본강의를 통하여 내용을 이해한 후 교재에 수록된 문제를 풀어보면서 수업시간에 학습한 내용이 실제로 어떤 방식으로 출제되는지 확인할 수 있도록 구성했습니다.

둘째, 해당 문제에서 필요한 해설뿐만 아니라 관련 개념 또는 유사 개념을 함께 수록함으로써 효율적으로 공부할 수 있도록 해설을 구성했습니다.

셋째, 시험을 준비하는 수험생들에게 도움이 되는 교재를 만들기 위해 교재의 편집방향을 새롭게 수정하여 수험생이 이해하기 쉽도록 표현을 고치고, 적절한 사례를 활용해서 교재를 구성하였습니다.

더불어 해양경찰공무원 시험 전문 **해커스경찰(police.Hackers.com)**에서 학원강의나 인터넷 동영상강의를 함께 이용하여 꾸준히 수강한다면 학습효과를 극대화할 수 있습니다.

수험공부라는 것은 모든 수험생들에게 힘든 과정일 수밖에 없습니다. 공부를 하다보면 생각보다 점수가 빨리 오르지 않아서 불안해지고, 합격할 수 있다는 자신감도 떨어질 수 있습니다. 또한 시험이 다가올수록 스스로 올바른 길로 가고 있는지를 고민하게 되고 긴장감이 커져가는 것도 당연한 것입니다. 힘들다고 포기하지 말고 남은 시간 동안 최선을 다한다면 수험생 여러분 모두가 반드시 합격이라는 결과에 도달할 수 있을 것입니다. 항상 응원하겠습니다.

2021년 10월
이상훈

목차

제1편

총론

01 다음 중 가장 옳지 않은 것은?

18. 해경

① 실질적 의미의 해양경찰 작용은 해양에서 공공의 안녕과 질서에 대한 위험을 방지하기 위하여 일반통치권에 기하여 국민에게 명령·강제함으로써 국민의 자연적 자유를 제한하는 작용을 말한다.

② 해양경찰은 정부조직법에 근거하여 해양에서 발생한 오염의 방제 업무를 수행하며, 해양오염방제국장은 경무관으로 보한다.

③ 해양경찰공무원은 경찰공무원법, 경찰공무원 징계령의 적용을 받는다.

④ 해양경찰공무원은 수상에서의 수색·구조 등에 관한 법률을 근거로 해상에서의 구조 업무 등을 수행한다.

해설

국장은 고위공무원단에 속하는 일반직공무원으로 보한다(해양경찰청과 그 소속기관 직제 제14조 제2항).

02 경찰의 임무에 대한 설명으로 가장 옳지 않은 것은?

18. 해경

① '공공의 안녕과 질서에 대한 위험방지'가 경찰의 궁극적인 임무라 할 수 있다.

② 오늘날 대부분의 생활영역에 대한 법적 규범화 추세에 따라 공공질서 개념의 사용 가능분야는 점점 축소되고 있다.

③ '공공의 안녕'이란 개념은 '법질서의 불가침성'과 '국가의 존립 및 국가기관의 기능성의 불가침성'으로 나눌 수 있는 바, 이 중 '법질서의 불가침성'이 공공 안녕의 제1요소이다.

④ 경찰의 개입은 추상적 위험으로는 부족하고, 구체적 위험이 있을 때 가능하다.

해설

경찰의 개입은 구체적 위험이 존재하는 경우는 물론이고 추상적 위험만 존재하는 경우에도 개입할 수 있다.

03 해양경찰의 임무와 관할에 대한 설명 중 옳은 것을 모두 고르시오.

19. 해경

> ⊙ 해양경찰의 직무범위를 정하고 있는 법령으로는 해양경비법, 경찰관 직무집행법, 국가경찰과 자치경찰의 조직
> 및 운영에 관한 법률, 정부조직법이 있다.
> ⓛ 배타적 경제수역에서의 해양경찰 임무와 관련된 국제협약에는 UN해양법협약, 한·일어업협정, 한·중 어업협정
> 이 있다.
> ⓒ 영해라 할지라도 외국 선박에 대해서는 기국주의가 적용되어 해양경찰이 경찰권을 행사할 경우 일정한 한계가
> 있다.
> ⓔ 해양경찰의 관할은 사무관할, 토지관할, 인적관할로 구분할 수 있다.
> ⓜ 해양경찰의 토지관할과 사물관할은 항상 일치한다.

① ⊙, ⓛ   ② ⓛ, ⓒ, ⓔ

③ ⓛ, ⓔ, ⓜ   ④ ⓒ, ⓔ

해설

지문의 내용 중 옳은 것은 ⓛⓒⓔ이다.
⊙ 지문의 내용 중 국가경찰과 자치경찰의 조직 및 운영에 관한 법률은 해양경찰의 직무범위와 관련이 없다.
ⓜ 해양경찰의 토지관할(지역관할)과 사물관할은 서로 다른 개념이다.

04 다음 중 해양경찰의 주요 임무에 대한 설명으로 가장 옳지 않은 것은?

20. 해경

① 해양 관련 치안정보의 수집·작성·배포
② 독도에 대한 타국의 도발을 예방, 대응하는 해양주권 수호
③ 해상교통 안전을 위한 선박교통관제(VTS) 및 항로표지 관리
④ 해양환경 보전을 위한 해양오염 방제

해설

지문의 내용 중 항로표지 관리는 해양수산부의 임무에 해당한다(해양수산부와 그 소속기관 직제 제13조 제3항 제24호).

정답 | 01 ②   02 ④   03 ②   04 ③

제1장 해양경찰의 의의 **7**

05 다음 중 해양경찰헌장(2021년 1월 1일 시행)의 내용으로 옳지 않은 것을 모두 고르시오. 20. 해경, 21. 경찰간부

ㄱ. '바다의 수호자'로서 국민의 생명과 안전을 지키며 인류의 미래 자산인 해양 보전에 맡은 바 책임을 다한다.
ㄴ. '국민의 봉사자'로서 청렴과 공정을 생활화하며 원칙과 규범을 준수하고 올바르게 법을 집행한다.
ㄷ. '정의의 실현자'로서 소통과 배려를 바탕으로 국민이 만족하고 신뢰하는 해양서비스를 제공한다.
ㄹ. '해양의 전문가'로서 창의적 자세와 도전정신으로 어떠한 어려움도 극복하며 임무를 완수한다

① ㄱ, ㄴ
② ㄴ, ㄷ
③ ㄴ, ㄹ
④ ㄷ, ㄹ

해설

지문의 내용 중 옳지 않은 것은 ㄴㄷ이다.
ㄴ은 정의의 실현자, ㄷ은 국민의 봉사자에 대한 설명이다.

해양경찰헌장
우리는 자랑스러운 대한민국 해양경찰이다.
우리는 헌법을 준수하며 국가에 헌신하고 국민에게 봉사한다.
우리는 해양주권 수호와 해상치안 확립에 힘쓰며 안전하고 깨끗한 바다를 만들기 위해 최선을 다한다.

이에 굳은 각오로 다음을 실천한다.
1. '바다의 수호자'로서 국민의 생명과 안전을 지키며 인류의 미래 자산인 해양 보전에 맡은 바 책임을 다한다.
1. '정의의 실현자'로서 청렴과 공정을 생활화하며 원칙과 규범을 준수하고 올바르게 법을 집행한다.
1. '국민의 봉사자'로서 소통과 배려를 바탕으로 국민이 만족하고 신뢰하는 해양서비스를 제공한다.
1. '해양의 전문가'로서 창의적 자세와 도전정신으로 어떠한 어려움도 극복하며 임무를 완수한다.

06 다음 중 해양경찰청 공무원 행동강령에 규정된 내용으로 가장 옳지 않은 것은? 21. 해경

① 공무원은 상급자가 자기나 타인의 부당한 이익을 위하여 공정한 직무수행을 현저하게 해치는 지시를 하였을 때에는 그 사유를 해양경찰관서장에게 보고하거나 행동강령책임관과 상담한 후 처리하여야 한다.
② 공무원은 4촌 이내 친족(민법 제767조에 따른 친족을 말한다)이 직무관련자인 경우에는 그 사실을 안 날부터 5일 이내에 해양경찰관서장에게 해당 사실을 서면(전자문서를 포함한다)으로 신고하여야 한다. 다만, 각종 증명서 발급, 민원 접수, 문서 송달, 그 밖에 이와 유사한 단순 민원업무의 경우에는 예외로 한다.
③ 공무원은 직무 관련 여부 및 기부·후원·증여 등 그 명목에 관계없이 같은 사람으로부터 1회에 100만원 또는 매회계연도에 300만원을 초과하는 금품 등을 받거나 요구 또는 약속해서는 안 된다.
④ 공무원은 직무관련자나 직무관련공무원에게 경조사를 알려서는 안 된다. 다만, 공무원 자신이 소속된 종교단체·친목단체 등의 회원에게 알리는 경우 등에는 경조사를 알릴 수 있다.

해설

공무원은 상급자가 자기나 타인의 부당한 이익을 위하여 공정한 직무수행을 현저하게 해치는 지시를 하였을 때에는 그 사유를 그 상급자에게 별지 제1호 서식 또는 전자우편 등의 방법으로 소명하고 그 지시에 따르지 않거나, 별지 제2호 서식 또는 전자우편 등의 방법으로 제35조에 따라 지정된 행동강령에 관한 업무를 담당하는 공무원(이하 '행동강령책임관'이라 한다)과 상담할 수 있다(해양경찰청 공무원 행동강령 제4조 제1항).

01 해양경찰의 역사와 관련하여 다음 설명 중 옳지 않은 것을 모두 고르시오. 19. 해경

> ㉠ 1953년 해양경찰대가 창설되었다.
> ㉡ 1953년 해양경찰대 창설 이후 지금까지 해양경찰의 신분은 계속 경찰공무원이었다.
> ㉢ 2014년 국민안전처 소속 해양경비안전본부로 개편되었다.
> ㉣ 2017년 국토교통부 외청으로 해양경찰청이 부활하였다.

① ㉠, ㉢   ② ㉡, ㉢
③ ㉡, ㉣   ④ ㉢, ㉣

해설

지문의 내용 중 옳지 않은 것은 ㉡㉣이다.
㉡ 1955년 상공부 해무청 수산국 해양경비과로 조직이 개편되면서 일반공무원(해양경비원)의 신분으로 변경되었다가, 1962년 내무부 치안국 해양경찰대로 조직이 개편되면서 경찰공무원의 신분을 회복하게 되었다.
㉣ 2014년 세월호 사건을 계기로 국민안전처 해양경비안전본부로 조직이 축소되었다가 2017년 해양수산부의 외청인 해양경찰청으로 다시 조직을 개편하였다.

02 다음 중 해양경찰과 관련된 내용으로 옳지 않은 것은 모두 몇 개인가? 20. 해경간부

> ㉠ 최근 제정된 해양경찰법을 제외하고 법률로써 조직근거를 가진 적은 없었다. (정부조직법은 제외)
> ㉡ 해양경찰청과 경찰청은 지금까지 모두 국가경찰과 자치경찰의 조직 및 운영에 관한 법률과 경찰공무원법이 적용되었다.
> ㉢ 해양경찰청이 단독으로 소관하는 법은 모두 4개이다.
> ㉣ 1953년 해양경찰대 창설 이후 변함없이 경찰공무원의 신분을 유지하였다.

① 1개   ② 2개
③ 3개   ④ 4개

해설

지문의 내용 중 옳지 않은 것은 ㉡㉢㉣이다.
㉡ 국가경찰과 자치경찰의 조직 및 운영에 관한 법률은 해양경찰청에는 적용되지 않는다.
㉢ 해양경찰청이 단독으로 소관하는 법은 선박교통관제에 관한 법률, 수상레저안전법, 수상에서의 수색·구조 등에 관한 법률, 연안사고 예방에 관한 법률, 해양경비법, 해양경찰법 6개이다.
㉣ 1955년 상공부 해무청 소속 해양경비대로 조직 개편시에 구성원은 일반공무원(해양경비원)의 신분으로 전환되었다.

정답 | 01 ③ 02 ③

03 다음 중 해양경찰청이 단독으로 소관하는 법률은 모두 몇 개인가?

20. 경찰, 21. 경찰간부

> ㉠ 수상에서의 수색·구조 등에 관한 법률
> ㉡ 해양경비법
> ㉢ 수상레저안전법
> ㉣ 수중레저활동의 안전 및 활성화 등에 관한 법률
> ㉤ 해양환경관리법
> ㉥ 연안사고 예방에 관한 법률
> ㉦ 선박교통관제에 관한 법률
> ㉧ 어선안전조업법

① 4개　　　　　　　　　　　② 5개
③ 6개　　　　　　　　　　　④ 7개

해설

지문의 내용 중 해양경찰청이 단독으로 소관하는 법률은 ㉠㉡㉢㉦이다.
㉣㉤㉧은 해양수산부가 소관하는 법률이다.

04 우리나라 해양경찰 조직의 발전과정 중 중요한 사건에 대한 설명이다. 시간 순서대로 가장 바르게 연결한 것은?

20. 해경간부

> ㉠ 중부지방해양경비안전본부(현재 중부지방해양경찰청)가 신설되었다.
> ㉡ 배타적 경제수역법이 제정 후 시행되었다.
> ㉢ 해양경찰청이 경찰청과 분리되어 해양수산부 외청으로 독립하였다.
> ㉣ 내무부 치안국이 치안본부로 변경되면서, 해양경찰대도 치안본부 소속으로 변경되었다.

① ㉣ - ㉢ - ㉡ - ㉠
② ㉣ - ㉡ - ㉢ - ㉠
③ ㉣ - ㉢ - ㉠ - ㉡
④ ㉣ - ㉡ - ㉠ - ㉢

해설

시간 순서대로 바르게 나열한 것은 ㉣-㉢-㉡-㉠이다.
㉠ 2014년 11월 19일
㉡ 1996년 9월 10일
㉢ 1996년 8월 8일
㉣ 1974년 12월 31일

05 다음 〈보기〉 중 우리나라 해양경찰의 역사와 관련하여 다음 설명 중 옳은 것은 모두 몇 개인가? 21. 해경

□□□

> 〈보기〉
> ㉠ 1953년 내무부 치안국 소속으로 부산에서 해양경찰대가 창설되었다.
> ㉡ 1955년 상공부 해무청 소속 해양경비대로 변경되었으며, 구성원은 일반사법경찰관리의 신분으로 전환되었다.
> ㉢ 2014년 국민안전처 소속 해양경비안전본부로 개편되었다.
> ㉣ 2017년 독립외청으로 국토해양부 소속 해양경찰청으로 변경되었다.
> ㉤ 2019년 작용법인 해양경찰법이 제정되었으며, 2020년부터 시행되었다.

① 1개

② 2개

③ 3개

④ 4개

해설
지문의 내용 중 옳은 것은 ㉠㉢이다.
㉡ 신분은 경찰공무원이 아닌 일반공무원(해양경비원) 신분이었다.
㉣ 2017년 독립외청으로 해양수산부 소속 해양경찰청으로 변경되었다.
㉤ 2019년 조직법인 해양경찰법이 제정되었으며, 2020년부터 시행되었다.

06 다음 중 대한민국 해양경찰의 역사에 대한 내용으로 가장 옳지 않은 것은? 21. 해경간부

□□□

① 1953년 내무부 치안국 소속 해양경찰대로 발족되어 영해경비, 어업자원보호 임무 등을 수행하였다.

② 해양경찰대는 1955년 소속부처가 교통부 산하 해무청으로 이관되고, 조직 명칭이 '해양경비대'로 개칭되었다.

③ 2014년 국민안전처 소속 해양경비안전본부로 개편되었다.

④ 2017년 해양수산부 외청으로 해양경찰청이 부활하였다.

해설
해양경찰대는 1955년 소속부처가 상공부 산하 해무청으로 이관되고, 조직 명칭이 '해양경비대'로 개칭되었다.

07 수상에서의 수색·구조 등에 관한 법률은 과거 수난구호법의 제명을 변경한 법률이다. 해양경찰의 역사 중 수난구호법이 제정된 시기 이후의 일어난 일로 가장 옳은 것은? 19. 해경

□□□

① '인접해양의 주권에 관한 대통령 선언'이 선포되고 평화선이 설정되었다.

② 평화선을 침범하는 외국 어선을 단속하고 어업자원을 보호하기 위해 해양경찰대가 창설되었다.

③ 상공부 해무청 소속 해양경비대가 해양경비대사령부로 개칭되었다.

④ 상공부에서 내무부 치안국 소속 해양경찰대로 변경되었다.

해설
수난구호법은 1961. 11. 1에 제정되었다. 1962년에 상공부에서 내무부 치안국 소속 해양경찰대로 변경되었다.
①은 1952년, ②는 1953년, ③은 1956년이다.

08 수상레저활동이란 수상에서 수상레저기구를 이용하여 취미·오락·체육·교육 등을 목적으로 이루어지는 활동을
말한다. 해양경찰 역사에서 이와 가장 관련된 사고는 무엇인가? 20. 해경승진

① 1993년 서해훼리호 사고
② 2005년 입파도 사고
③ 2014년 세월호 사고
④ 2015년 추자도 돌고래호 사고

해설

구분	내용
1993년 서해훼리호 사고	과적이 원인
2005년 입파도 사고	운항부주의로 어망에 걸려 침몰
2014년 세월호 사고	급격한 변침(變針)으로 복원력을 잃어 침몰
2015년 추자도 돌고래호 사고	승선인원의 부정확한 파악

01 경찰기관의 활동은 법률의 일정한 요건하에서 수행하도록 수권하는 규정이 없으면, 자기의 판단에 따라 독창적으로 행위할 수 없다는 원칙과 가장 관계 깊은 것은?

18. 해경

① 조직규범의 원칙
② 제약규범의 원칙
③ 법률유보의 원칙
④ 법률우위의 원칙

해설

지문의 내용은 근거규범에 대한 설명으로 법률유보의 원칙과 관련이 있다.

02 경찰법의 법원(法源)에 관한 설명 중 가장 옳지 않은 것은?

19. 해경

① 경찰법의 법원에는 성문법원(成文法源)과 불문법원(不文法源)이 있다.
② 성문법원에는 법률, 명령 등이 있고, 불문법원에는 관습법, 판례 등이 있다.
③ 헌법에 의해 체결·공포된 조약이라 하더라도 국내법과 동등한 효력을 가진다고 볼 수는 없다.
④ 대통령은 법률에서 구체적으로 범위를 정하여 위임받은 사항과 법률을 집행하기 위하여 필요한 사항에 대하여 대통령령을 발할 수 있다.

해설

헌법에 의하여 체결·공포된 조약과 일반적으로 승인된 국제법규는 <u>국내법과 같은 효력</u>을 가진다(대한민국헌법 제6조 제1항).

03 다음 중 해양경찰이 행하는 경찰권 발동의 근거법으로 보기 가장 어려운 것은?

18. 해경

① 경찰관 직무집행법
② 해양경비법
③ 수상레저안전법
④ 형사소송법

해설

형사소송법은 형사절차법으로서 범죄자에 대한 수사, 공소제기 및 재판에 관한 절차를 규정하고 있는 법이다. 그러므로 해양경찰권 발동의 직접적인 근거로 볼 수 없다.

정답 | 01 ③   02 ③   03 ④

04 해양경찰 소관 법률에 관한 설명 중 가장 옳지 않은 것은? 19. 해경

① 해양경비법, 수상레저안전법, 수상에서의 수색·구조 등에 관한 법률, 연안사고 예방에 관한 법률은 해양경찰이 직접 소관하는 법률에 해당한다.

② 연안사고 예방에 관한 법률은 2014년 세월호 사고를 계기로 제정되었다.

③ 수상레저안전법은 선박직원법과 선박안전법의 특별법으로 볼 수 있다.

④ 해양경찰 소관 법률 중 SAR 협약을 국내법으로 수용한 것은 수상에서의 수색·구조 등에 관한 법률이다.

해설

2014년 세월호 사고를 계기로 기존 수난구호법이 수상에서의 수색·구조 등에 관한 법률로 변경되었다.

05 다음 중 해양경찰 소관 법률에 대한 설명으로 가장 옳지 않은 것은? 20. 해경

① 수상에서의 수색·구조 등에 관한 법률은 해상수색 및 구조에 관한 국제협약(SAR)을 수용하고 있다.

② 밀항단속법은 해양경찰청과 법무부에서 공동으로 소관하는 법률이다.

③ 연안사고 예방에 관한 법률보다 해양경비법이 먼저 제정되었다.

④ 수상레저안전법은 해양경찰 산하 법정단체인 한국해양구조협회에 관한 근거법이다.

해설

한국해양구조협회의 설립 근거법은 수상에서의 수색·구조 등에 관한 법률이다.

06 해양경찰 행정기관에는 행정관청, 자문기관, 보조기관, 보좌기관 등이 있다. 이와 관련하여 다음 중 옳은 것은 모두 몇 개인가? 19. 해경

> ㉠ 행정관청은 행정주체의 법률상 의사를 결정하여 외부에 표시하는 권한을 가지는 행정기관을 말하며, 일반적으로 파출소장은 보조기관으로 본다.
> ㉡ 계선조직(line)을 보좌기관이라고 하고, 참모조직(staff)을 보조기관이라고 한다.
> ㉢ 일반적으로 차장·국장·과장·계장은 보좌기관에 해당하며, 기획조정관·감사담당관은 보조기관에 해당한다.
> ㉣ 정책자문위원회는 자문기관에 해당한다.
> ㉤ 행정관청에는 해양경찰청장, 지방해양경찰청장, 해양경찰서장이 있다.

① 2개 　　　　　　　　　　　② 3개

③ 4개 　　　　　　　　　　　④ 5개

해설

지문의 내용 중 옳은 것은 ㉠㉣㉤이다.

㉡ 계선조직(line)을 보조기관이라고 하고, 참모조직(staff)을 보좌기관이라고 한다.

㉢ 일반적으로 차장·국장·과장·계장은 보조기관에 해당하며, 기획조정관·감사담당관은 보좌기관에 해당한다.

07 해양경찰 조직 및 그 직무에 관한 다음 설명 중 가장 옳지 않은 것은?

19. 해경

① 해양경찰청은 조직법 마련을 위해 해양경찰(청)법제정을 추진하고 있다.

② 해상교통관제센터의 설치·운영에 관한 업무는 해양경찰청과 그 소속기관 직제상 경비국의 소관업무이다.

③ 해양경찰청 소속으로 해양경찰교육원 및 중앙 해양특수구조단을 둔다.

④ 남해지방해양경찰청장 소속의 책임운영기관으로 해양경찰정비창을 둔다.

해설

해양경찰청장의 관장사무를 지원하기 위하여 책임운영기관의 설치·운영에 관한 법률 제4조 제1항, 같은 법 시행령 제2조 제1항 및 별표 1에 따라 해양경찰청장 소속의 책임운영기관으로 해양경찰정비창을 둔다(해양경찰청과 그 소속기관 직제 제2조 제3항).

08 다음 중 해양경찰의 조직에 대한 설명으로 가장 옳지 않은 것은?

20. 경찰, 20. 해경간부

① 해양경찰청에는 운영지원과·경비국·구조안전국·수사정보국·해양오염방제국 및 장비기술국을 둔다.

② 현재 별도의 조직법인 해양경찰법이 시행 중에 있다.

③ 해양경찰청장 소속으로 지방해양경찰청을 두고, 지방해양경찰청장 소속으로 해양경찰서를 두며, 특별히 중부지방 해양경찰청 소속으로 중앙해양특수구조단을 설치하고 있다.

④ 지방해양경찰청장은 해양경찰서장의 소관 사무를 분장하기 위하여 해양수산부령으로 정하는 바에 따라 해양경찰 서장 소속으로 파출소를 둘 수 있다.

해설

해양경찰청장의 관장사무를 지원하기 위하여 해양경찰청장 소속으로 해양경찰교육원 및 중앙해양특수구조단을 둔다(해양경찰청과 그 소속기관 직제 제2조 제1항).

09 다음 중 해양경찰법상 해양경찰의 책무(제2조)로 옳은 것은 모두 몇 개인가?

20. 해경

> ㉠ 해양경찰은 해양에서 사람의 생명·신체 및 재산을 보호하고, 해양사고에 효율적으로 대응하기 위한 시책을 추진하여야 한다.
> ㉡ 해양경찰은 대한민국의 국익을 보호하고 해양영토를 수호하며 해양치안질서 유지를 위하여 필요한 조치와 제도를 마련하여야 한다.
> ㉢ 해양경찰은 해양경찰의 정책에 대한 국민의 의견을 존중하고, 민주적이고 투명한 조직운영을 위하여 노력하여야 한다.

① 없음　　　　　　　　　　② 1개

③ 2개　　　　　　　　　　④ 3개

해설

모두 옳은 지문이다.

10 다음 중 해양경찰법상 해양경찰위원회에 대한 내용으로 가장 옳지 않은 것은?

① 해양경찰행정에 관한 사항을 심의·의결하기 위하여 해양경찰청에 해양경찰위원회를 둔다.

② 위원회는 위원장 1명을 포함한 7명의 위원으로 구성하되, 위원장 및 위원은 비상임으로 한다.

③ 위원의 임기는 3년으로 하며, 연임할 수 없다.

④ 해양수산부장관이 재의를 요구하려고 하는 경우에는 의결한 날부터 10일 이내에 재의요구서를 위원회에 제출하여야 한다.

해설

해양경찰행정에 관하여 일정한 사항을 심의·의결하기 위하여 해양수산부에 해양경찰위원회(이하 '위원회'라 한다)를 둔다(해양경찰법 제5조 제1항).

11 다음 〈보기〉는 해양경찰법상 해양경찰위원회에 관한 내용이다. 옳지 않은 것은 모두 몇 개인가?

〈보기〉
ㄱ 해양경찰행정에 관하여 다음 각 호의 사항을 심의·의결하기 위하여 해양수산부에 해양경찰위원회(이하 '위원회'라 한다)를 둔다.
ㄴ 위원장 및 위원은 비상임이며, 위원회는 위원장 1명을 제외한 7명의 위원으로 구성한다.
ㄷ 위원은 해양수산부장관의 제청으로 국무총리를 거쳐 대통령이 임명한다.
ㄹ 위원의 임기는 3년으로 하며, 중임할 수 없다.
ㅁ 해양수산부장관이 재의를 요구하려고 하는 경우에는 의결한 날부터 7일 이내에 재의요구서를 위원회에 제출하여야 한다.
ㅂ 위원장은 재의요구가 있으면, 그 요구를 받은 날부터 7일 이내에 회의를 소집하여 다시 의결하여야 한다.
ㅅ 독립성 유지를 위하여 위원회의 사무는 해양수산부 산하에서 수행한다.

① 1개   ② 2개
③ 3개   ④ 4개

해설

지문의 내용 중 옳지 않은 것은 ㄴㄹㅁㅅ이다.

ㄴ 위원회는 위원장 1명을 포함한 7명의 위원으로 구성하되, 위원장 및 위원은 비상임으로 한다(해양경찰법 제6조 제1항).

ㄹ 위원의 임기는 3년으로 하며, 연임할 수 없다. 이 경우 보궐위원의 임기는 전임자 임기의 남은 기간으로 한다(해양경찰법 제7조 제1항).

ㅁ 해양수산부장관이 재의를 요구하려고 하는 경우에는 의결한 날부터 10일 이내에 재의요구서를 위원회에 제출하여야 한다(해양경찰법 제8조 제1항).

ㅅ 위원회의 사무는 해양경찰청에서 수행한다(해양경찰법 제10조 제1항).

12 다음은 해양경찰법상 해양경찰청장 임명자격에 대한 설명이다. 괄호 안의 내용을 가장 바르게 나열한 것은?

20. 해경

> 해양경찰청장은 해양경찰에서 (㉠) 이상 국가경찰공무원으로 재직한 자로서 (㉡) 이상 국가경찰공무원으로 재직 중이거나 재직했던 사람 중에서 임명한다.

	㉠	㉡
①	15년	치안감
②	15년	치안정감
③	20년	치안감
④	20년	치안정감

해설

해양경찰청장은 해양경찰에서 <u>15년</u> 이상 경찰공무원으로 재직한 자로서 <u>치안감</u> 이상 경찰공무원으로 재직 중이거나 재직했던 사람 중에서 임명한다(해양경찰법 제12조).

13 다음 중 해양경찰청과 그 소속기관 직제에 포함되어야 할 사항으로 가장 옳지 않은 것은?   20. 해경승진

① 소속기관의 설치와 그 소관사무
② 하부조직과 그 분장업무
③ 직위에 부여되는 계급
④ 공무원의 종류별·직급별 정원

해설

공무원의 종류별·직급별 정원은 해양경찰청과 그 소속기관 조직 및 정원에 관한 규칙에 근거한다.

14 해양경찰청 및 그 소속기관의 직제 및 같은 법 시행규칙상 '서해5도 특별경비단'의 소속은 어디인가?

18. 해경

① 서해지방해양경찰청
② 중부지방해양경찰청
③ 해양경찰청 경비국
④ 인천해양경찰서

해설

지방해양경찰청장 밑에 항공단을 직할단으로 두고, 특공대를 직할대로 둔다. 다만, <u>중부지방해양경찰청장 밑에는 서해5도 특별경비단</u> 및 항공단을 직할단으로 두고, 특공대를 직할대로 둔다(해양경찰청과 그 소속기관 직제 시행규칙 제20조 제3항).

15 다음 중 해양경찰청과 그 소속기관 직제에 대한 내용으로 옳은 것은 모두 몇 개인가? 20. 경찰, 21. 경찰간부

> ㉠ 해양경찰청장 소속으로 해양경찰교육원 및 중앙해양특수구조단을 둔다.
> ㉡ 중부지방해양경찰청장 밑에는 서해5도 특별경비단을 직할단으로 둔다.
> ㉢ 경비국장은 해상교통관제센터의 항만운영 정보 제공에 관한 사항을 분장한다.
> ㉣ 해양경찰청에 운영지원과·경비국·구조안전국·수사국·국제정보국·해양오염방제국 및 장비기술국을 둔다.

① 1개
② 2개
③ 3개
④ 4개

해설

지문의 내용 중 옳은 것은 ㉠㉢㉣이다.

㉡ 지문의 내용은 해양경찰청과 그 소속기관 직제 시행규칙에 규정되어 있다. 중부지방해양경찰청장 밑에는 서해5도 특별경비단 및 항공단을 직할단으로 두고, 특공대를 직할대로 둔다(해양경찰청과 그 소속기관 직제 제20조 제3항).

16 다음 중 행정효율과 협업 촉진에 관한 규정에 따라 결재할 수 있는 사람이 출장, 휴가, 그 밖의 사유로 결재할 수 없을 때에 직무를 대리하는 자가 대결하고 내용이 중요한 문서는 나중에 보고하는 것을 무엇이라 하는가? 20. 해경승진

① 위임전결
② 사후보고
③ 대결
④ 후결

해설

결재할 수 있는 사람이 휴가, 출장, 그 밖의 사유로 결재할 수 없을 때에는 그 직무를 대리하는 사람이 대결하고 내용이 중요한 문서는 사후에 보고하여야 한다(행정 효율과 협업 촉진에 관한 규정 제10조 제3항).

17 해양경찰 행정응원에 관한 다음 설명 중 가장 옳지 않은 것은? 19. 해경

① 해상에서 행정응원의 기본법은 수상에서의 수색·구조 등에 관한 법률이다.
② 수상에서의 수색·구조 등에 관한 법률상 수난구호를 위해 행정응원을 요청할 수 있는 권한은 구조본부의 장과 소방관서의 장에게 있다.
③ 경찰직무 응원법상 경찰응원에 의하여 파견된 경찰관은 파견한 관서의 경찰관으로서 직무를 수행한다.
④ 해양경찰청장 또는 경찰청장은 돌발사태를 진압하거나 특수지구를 경비하도록 하기 위해 필요할 때에는 경찰기동대를 편성하여 필요한 지역에 파견할 수 있다.

해설

파견된 경찰관은 파견받은 시·도경찰청 또는 지방해양경찰관서의 경찰관으로서 직무를 수행한다(경찰직무 응원법 제2조).

18 경찰공무원법에 대한 설명으로 옳은 것은 모두 몇 개인가?

⃞⃞⃞

> ⓐ 경정 이하의 경찰공무원을 신규채용할 때에는 1년간 시보로 임용한다.
> ⓑ 해양경찰청장은 해당 계급에서 일정한 기간 동안 재직한 사람(순경에서 4년, 경장에서 5년, 경사에서 6년 6개월, 경위에서 8년 이상)을 대우공무원 승진임용할 수 있다.
> ⓒ 경찰공무원은 그 직무의 종류에 따라 경과에 의하여 구분할 수 있으며, 경과의 구분에 필요한 사항은 대통령령으로 정한다.
> ⓓ 파산선고를 받은 복권된 사람은 경찰공무원이 될 수 없다.

① 1개
③ 3개
② 2개
④ 4개

해설

지문의 내용 중 옳은 것은 ⓐⓒⓓ이다.

ⓑ 지문의 내용은 근속승진에 필요한 근무연수이다. 대우공무원 선발과 관련하여 경감 이하 경찰공무원은 해당 계급에서 5년 이상 근무한 자를 그 대상으로 한다.

> **경찰공무원법**
> **제11조의2 【근속승진】** ① 경찰청장 또는 해양경찰청장은 제11조 제2항에도 불구하고 해당 계급에서 다음 각 호의 기간 동안 재직한 사람을 경장, 경사, 경위, 경감으로 각각 근속승진임용할 수 있다.
> 1. 순경을 경장으로 근속승진임용하려는 경우: 해당 계급에서 4년 이상 근속자
> 2. 경장을 경사로 근속승진임용하려는 경우: 해당 계급에서 5년 이상 근속자
> 3. 경사를 경위로 근속승진임용하려는 경우: 해당 계급에서 6년 6개월 이상 근속자
> 4. 경위를 경감으로 근속승진임용하려는 경우: 해당 계급에서 8년 이상 근속자
>
> **해양경찰청 소속 경찰공무원 승진임용규정 시행규칙**
> **제37조 【대우공무원 선발을 위한 근무기간】** ① 영 제43조 제1항에 따라 대우공무원으로 선발되기 위해서는 영 제5조 제1항에 따른 승진소요 최저근무연수를 경과한 총경 이하 경찰공무원으로서 해당 계급에서 다음 각 호의 구분에 따른 기간 동안 근무하여야 한다.
> 1. 총경 및 경정: 7년 이상
> 2. 경감 이하: 5년 이상

19 다음 중 시보임용제도에 대한 설명으로 가장 옳지 않은 것은?

⃞⃞⃞

① 휴직기간, 직위해제기간 및 징계에 의한 정직처분 또는 감봉, 견책처분을 받은 기간은 산입하지 아니한다.
② 경정 이하 경찰공무원의 시보임용기간은 1년이다.
③ 직무수행의 적격성을 사후판정할 수 있는 시험제도의 연장이다.
④ 퇴직한 경찰공무원으로서 퇴직시에 재직하였던 계급의 채용시험에 합격한 사람을 재임용하는 경우는 시보임용기간의 적용을 거치지 않는다.

해설

휴직기간, 직위해제기간 및 징계에 의한 정직처분 또는 감봉처분을 받은 기간은 시보임용기간에 산입하지 아니한다(경찰공무원법 제13조 제2항).

20

다음은 경찰공무원의 승진에 관한 설명이다. 괄호에 들어갈 숫자의 합은?

> ⊙ 승진소요 최저근무연수는 총경은 (　　)년, 경정 · 경감은 (　　)년, 경위 · 경사는 (　　)년, 경장 · 순경은 (　　)년이다.
> ⓛ 해양경찰청장은 경위에서 경감으로 근속승진임용을 하고자 할 때에는 해당 계급에서 (　　)년 이상 근속자를 그 대상으로 한다.

① 16
② 18
③ 20
④ 22

해설

빈칸에 들어갈 숫자의 합은 18이다.
- ⊙ 경찰공무원이 승진하려면 총경은 <u>4년</u> 이상, 경정 및 경감은 <u>3년</u> 이상, 경위 및 경사는 <u>2년</u> 이상, 경장 및 순경은 <u>1년</u> 이상 해당 계급에 재직해야 한다(해양경찰청 소속 경찰공무원 임용에 관한 규정 제53조 제1항).
- ⓛ 해양경찰청장은 해당 계급에서 <u>8년</u> 이상 근속한 경위를 경감으로 근속승진임용할 수 있다(경찰공무원법 제16조 제1항 제4호).

21

다음 중 경찰공무원 승진임용 규정에 따라 심사승진후보자가 승진임용되기 전에 어떤 징계처분을 받을 경우 승진후보자 명부에서 삭제를 하여야 하는가?

① 감봉 이상
② 정직 이상
③ 견책 이상
④ 주의 이상

해설

임용권자 또는 임용제청권자는 심사승진후보자 명부에 기록된 사람이 승진임용되기 전에 <u>정직 이상</u>의 징계처분을 받은 경우에는 심사승진후보자 명부에서 그 사람을 제외해야 한다(해양경찰청 소속 경찰공무원 임용에 관한 규정 제71조 제3항).

22

다음 중 국가공무원법에 따른 휴직의 효력으로 가장 옳지 않은 것은?

① 휴직 중인 공무원은 신분은 보유하나 직무에 종사하지 못한다.
② 휴직기간 중 그 사유가 없어지면 30일 이내에 임용권자 또는 임용제청권자에게 신고하여야 한다.
③ 휴직기간이 끝난 공무원이 15일 이내에 복귀 신고를 하면 당연히 복직된다.
④ 휴직 중인 자가 복귀요청시 임용권자는 지체 없이 복직을 명하여야 한다.

해설

휴직기간이 끝난 공무원이 30일 이내에 복귀 신고를 하면 당연히 복직된다(국가공무원법 제73조 제3항).

23 국가공무원법상 직위해제 사유는 모두 몇 개인가?

⊙ 직무수행 능력이 부족하거나 근무성적이 극히 나쁜 자
ⓒ 직제와 정원의 개폐 또는 예산의 감소 등에 따라 폐직 또는 과원이 되었을 때
ⓒ 형사사건으로 기소된 자(약식명령이 청구된 자는 제외)
② 파면 · 해임 · 강등 또는 정직에 해당하는 징계의결이 요구 중인 자
ⓜ 휴직기간이 끝나거나 휴직 사유가 소멸된 후에도 직무에 복귀하지 아니하거나 직무를 감당할 수 없는 때
ⓗ 전직시험에서 세 번 이상 불합격한 자로서 직무수행 능력이 부족하다고 인정된 때

① 1개
② 2개
③ 3개
④ 4개

해설

지문의 내용 중 직위해제 사유에 해당하는 것은 ⊙ⓒ②이다.
ⓒⓜⓗ은 직권면직 사유에 해당한다.

24 다음 중 국가공무원법에 따른 직위해제 사유로 가장 옳지 않은 것은?

① 직무수행 능력이 부족하거나 근무성적이 극히 나쁜 자
② 파면 · 해임 · 강등 또는 정직 · 감봉에 해당하는 징계의결이 요구 중인 자
③ 형사사건으로 기소된 자(약식명령이 청구된 자는 제외한다)
④ 금품비위, 성범죄 등 대통령령으로 정하는 비위행위로 인하여 감사원 및 검찰 · 경찰 등 수사기관에서 조사나 수사 중인 자로서 비위의 정도가 중대하고 이로 인하여 정상적인 업무수행을 기대하기 현저히 어려운 자

해설

파면 · 해임 · 강등 또는 정직에 해당하는 징계의결이 요구 중인 자가 직위해제 사유에 해당한다(국가공무원법 제73조의3 제1항 제3호).

25 경찰공무원은 해양경찰청 소속 경찰공무원 임용에 관한 규정에 따라 직위에 임용된 날로부터 1년 이내에 다른 직위에 전보할 수 없다. 다음 중 전보제한에 대한 예외로 가장 옳지 않은 것은?

① 형사사건에 관련되어 수사기관에서 조사를 받고 있는 경우
② 승진임용된 경찰공무원을 전보하는 경우
③ 기구의 개편, 직제 또는 정원의 변경으로 해당 경찰공무원을 전보하는 경우
④ 징계처분을 받고 처분기간이 종료된 경우

해설

징계처분을 받은 경우가 전보제한의 예외사유에 해당한다(해양경찰청 소속 경찰공무원 임용에 관한 규정 제43조 제1항 제6호).

26 다음 중 국가공무원법에 따른 공무원의 직권면직 사유로 틀린 것은 모두 몇 개인가?

> ⊙ 전직시험에서 세 번 이상 불합격한 자로서 직무수행 능력이 부족하다고 인정된 때
> ⓒ 예산의 감소 등에 따라 폐직 또는 과원이 되었을 때
> ⓒ 휴직기간이 끝나거나 휴직 사유가 소멸된 후에도 직무에 복귀하지 아니하거나 직무를 감당할 수 없을 때
> ⓒ 해당 직급·직위에서 직무를 수행하는 데 필요한 자격증의 효력이 없어지거나 면허가 취소되어 담당 직무를 수행할 수 없게 된 때

① 0개   ② 1개
③ 2개   ④ 3개

해설

모두 직권면직 사유에 해당한다(국가공무원법 제70조 제1항).

27 다음 중 공무원연금법에 따른 퇴직유족연금 및 퇴직유족연금 부가금에 대한 설명으로 옳지 않은 것은 모두 몇 개인가?

> ⊙ 공무원이거나 공무원이었던 사람으로서 퇴직연금 또는 조기퇴직연금을 받을 권리가 있는 사람이 사망한 경우 퇴직유족연금을 지급한다.
> ⓒ 20년 이상 재직한 공무원부터 재직 중 사망하면 퇴직유족연금 외에 퇴직유족연금부가금을 따로 지급한다.
> ⓒ 20년 이상 재직한 공무원부터 재직 중 사망한 경우 유족이 원할 때에는 퇴직유족연금과 퇴직유족연금부가금을 갈음하여 퇴직유족연금일시금을 지급한다.
> ⓒ 공무원이었던 사람이 퇴직 후 퇴직연금의 지급이 시작되기 전에 사망하거나 퇴직연금 또는 조기퇴직연금의 수급자가 연금 지급이 시작되는 달부터 3년 이내에 사망하면 퇴직유족연금 외에 퇴직유족연금특별부가금을 따로 지급한다.

① 없음   ② 1개
③ 2개   ④ 3개

해설

지문의 내용 중 옳지 않은 것은 ⓒⓒ이다.

ⓒ <u>10년 이상</u> 재직한 공무원이 재직 중 사망하면 퇴직유족연금(제41조 제4항에 따라 퇴직유족연금을 대신하여 순직유족연금을 선택한 경우를 포함한다. 이하 제3항에서 같다) 외에 퇴직유족연금부가금을 따로 지급한다(공무원연금법 제54조 제2항).

ⓒ <u>10년 이상</u> 재직한 공무원이 재직 중 사망한 경우 유족이 원할 때에는 퇴직유족연금과 퇴직유족연금부가금을 갈음하여 퇴직유족연금일시금을 지급한다.

28 경찰공무원법에 규정된 의무가 아닌 것으로만 묶인 것은?

> ㉠ 제복 착용의 의무
> ㉡ 거짓보고 등의 금지
> ㉢ 집단 행위의 금지
> ㉣ 종교중립의 의무
> ㉤ 지휘권 남용 등의 금지
> ㉥ 품위유지의 의무

① ㉠, ㉤
② ㉡, ㉣
③ ㉢, ㉥
④ ㉡, ㉥

해설
㉢㉣㉥은 국가공무원법에 규정된 의무이다.

29 국가공무원 복무규정에 따라 행정기관의 장은 민원 편의 등 공무수행을 위하여 근무시간 외의 근무를 명하거나 공휴일 근무를 명할 수 있다. 이러한 근무에 대하여 다음 중 옳지 않은 것은 몇 개인가?

> ㉠ 토요일 또는 공휴일에 근무를 명받아 근무한 공무원에 대하여는 그 다음 정상근무일을 휴무하게 할 수 있다.
> ㉡ 임신 중인 공무원에게 오후 10시부터 오전 6시까지의 시간과 토요일 및 공휴일에 근무를 명할 수 없다.
> ㉢ 다만, 출산 후 1년이 지나지 아니한 공무원의 동의가 있는 경우에는 토요일 및 공휴일에 근무를 명할 수 있다.
> ㉣ 공휴일에 근무를 한 공무원은 근무한 시간만큼 시간외근무수당으로 지급받는 대신 근무시간을 연가로 전환할 수 있다.

① 1개
② 2개
③ 3개
④ 없음

해설
모두 옳은 지문이다.

30 다음은 공직자윤리법에 관한 설명이다. 괄호 안에 들어갈 숫자의 합계로 가장 옳은 것은?   20. 해경승진

> 취업심사대상자는 퇴직일부터 (   )년간 취업심사대상기관에 취업할 수 없다. 다만, 관할 공직자윤리위원회로부터 취업심사대상자가 퇴직 전 (   )년 동안 소속하였던 부서 또는 기관의 업무와 취업심사대상기관간에 밀접한 관련성이 없다는 확인을 받거나 취업승인을 받은 때에는 취업할 수 있다.

① 5   ② 8   ③ 9   ④ 10

해설

취업심사대상자는 퇴직일부터 3년간 취업심사대상기관에 취업할 수 없다. 다만, 관할 공직자윤리위원회로부터 취업심사대상자가 퇴직 전 5년 동안 소속하였던 부서 또는 기관의 업무와 취업심사대상기관간에 밀접한 관련성이 없다는 확인을 받거나 취업승인을 받은 때에는 취업할 수 있다(공직자윤리법 제17조 제1항).

31 다음 중 경찰공무원으로서 등록된 재산을 공개하지 않아도 되는 계급은?   20. 해경승진

① 치안총감   ② 치안정감
③ 치안감   ④ 경무관

해설

치안감 이상의 경찰공무원 및 특별시·광역시·특별자치시·도·특별자치도의 시·도경찰청장이 재산의 공개대상자에 해당한다(공직자윤리법 제10조 제1항 제8호).

32 다음 중 빈칸에 들어갈 숫자를 모두 더한 것은?   20. 해경간부

> ㉠ 정직은 (   )개월 이상 (   )개월 이하의 기간으로 하고, 정직처분을 받은 자는 그 기간 중 공무원의 신분은 보유하나 직무에 종사하지 못하며 보수의 전액을 감한다.
> ㉡ 파면은 경찰공무원 관계가 소멸되고 향후 (   )년간 일반공무원 임용이 금지된다.
> ㉢ 징계사유가 성매매알선 등 행위의 처벌에 관한 법률 제4조에 따른 금지행위에 해당하는 경우 그 소멸시효는 (   )년이다.
> ㉣ 감사원과 검찰·경찰, 그 밖의 수사기관은 조사나 수사를 시작한 때와 이를 마친 때에는 (   )일 내에 소속 기관의 장에게 그 사실을 통보하여야 한다.

① 27   ② 28   ③ 29   ④ 30

해설

빈칸에 들어갈 숫자의 합은 29이다.
㉠ 정직은 1개월 이상 3개월 이하의 기간으로 하고, 정직처분을 받은 자는 그 기간 중 공무원의 신분은 보유하나 직무에 종사하지 못하며 보수는 전액을 감한다(국가공무원법 제80조 제3항).
㉡ 징계로 파면처분을 받은 때부터 5년이 지나지 아니한 자는 공무원으로 임용될 수 없다(국가공무원법 제33조 제7호).
㉢ 징계사유가 성매매알선 등 행위의 처벌에 관한 법률 제4조에 따른 금지행위에 해당하는 경우 그 소멸시효는 10년이다(국가공무원법 제83조의2 제1항 제1호 가목).
㉣ 감사원과 검찰·경찰, 그 밖의 수사기관은 조사나 수사를 시작한 때와 이를 마친 때에는 10일 내에 소속 기관의 장에게 그 사실을 통보하여야 한다(국가공무원법 제83조 제3항).

33 다음은 국가공무원법에 따른 징계를 설명한 것으로 가장 옳은 것은?

> 공무원신분은 보유하나 3개월간 직무에 종사하지 못하며 그 기간 중 보수는 전액을 감한다. 임기제 공무원에 대해서는 이를 적용하지 않는다.

① 강등   ② 정직

③ 감봉   ④ 해임

해설

지문의 내용은 강등에 대한 설명이다(국가공무원법 제80조 제1항).

34 다음은 징계위원회를 개최하고 심의·의결하는 순서이다. 괄호 안에 들어갈 것으로 가장 옳은 것은?

> 개회선언 – 심의안건 상정 – 징계대상자 출석 여부 등 확인 – 질문 및 답변 – 징계의결투표 – (   ) – 징계의결서 작성 및 징계의결 결과보고 – 회의록 작성 및 징계의결 통고

① 소환조사   ② 징계의결

③ 징계조사   ④ 심의조사

해설

빈칸은 징계의결 절차에 대한 설명이다.

35 징계 심의 대상자의 방어권 보장을 위하여 출석통지서는 징계위원회 개최 며칠 전까지 징계혐의자에 도달되도록 하는가?

① 1일 전   ② 3일 전

③ 5일 전   ④ 7일 전

해설

징계위원회가 징계 등 심의 대상자의 출석을 요구할 때에는 별지 제2호 서식의 출석통지서로 하되, 징계위원회 개최일 5일 전까지 그 징계 등 심의 대상자에게 도달되도록 해야 한다(경찰공무원 징계령 제12조 제1항).

36 다음 중 국가공무원법상 국가공무원 징계에 대한 내용으로 가장 옳은 것은?

21. 해경간부

① 강등·정직은 18개월, 감봉은 12개월, 견책은 6개월간 승급이 정지된다.

② 강등의 경우 공무원신분은 보유하나 3개월간 직무에 종사하지 못하며 그 기간 중 보수의 2분의 1을 감한다.

③ 징계의 종류는 파면·해임·강등·정직·감봉·견책·직위해제로 구분된다.

④ 소청심사위원회의 결정으로 원징계처분에서 부과한 징계보다 무거운 징계를 부과할 수 있다.

해설

② 강등은 1계급 아래로 직급을 내리고(고위공무원단에 속하는 공무원은 3급으로 임용하고, 연구관 및 지도관은 연구사 및 지도사로 한다) 공무원신분은 보유하나 3개월간 직무에 종사하지 못하며 그 기간 중 보수는 전액을 감한다(국가공무원법 제80조 제1항).

③ 직위해제는 징계의 종류에 해당하지 않는다. 징계는 파면·해임·강등·정직·감봉·견책(譴責)으로 구분한다(국가공무원법 제79조).

④ 소청심사위원회가 징계처분 또는 징계부가금 부과처분(이하 '징계처분 등'이라 한다)을 받은 자의 청구에 따라 소청을 심사할 경우에는 원징계처분보다 무거운 징계 또는 원징계부가금 부과처분보다 무거운 징계부가금을 부과하는 결정을 하지 못한다(국가공무원법 제14조 제7항).

37 다음 중 경찰공무원 징계령에 따라 보통징계위원회가 설치된 행정기관의 장이 민간위원으로 위촉할 수 있는 자로 가장 옳은 것은?

20. 해경승진

① 법관, 검사 또는 변호사로서 5년 이상 근무한 사람

② 대학에서 경영학을 담당하는 부교수 이상으로 재직 중인 사람

③ 경찰공무원으로서 15년 이상 근속하고 퇴직한 사람

④ 대학에서 경찰 관련 학문을 담당하는 조교수 이상으로 재직 중인 사람

해설

② 대학에서 경찰 관련 학문을 담당하는 부교수 이상으로 재직 중인 사람

③ 공무원으로 20년 이상 근속하고 퇴직한 사람[퇴직 전 5년부터 퇴직할 때까지 근무했던 적이 있는 경찰기관(해당 경찰기관이 소속된 중앙행정기관 및 그 중앙행정기관의 다른 소속기관에서 근무했던 경우를 포함한다)의 경우에는 퇴직일부터 3년이 경과한 사람을 말한다]

④ 대학에서 경찰 관련 학문을 담당하는 부교수 이상으로 재직 중인 사람

38 경찰공무원 징계령에서 정한 징계에 대한 다음 설명 중 가장 옳지 않은 것은?

20. 해경승진

① 중징계라 함은 파면, 해임, 강등 및 정직을 말한다.

② 경징계라 함은 견책, 경고를 말한다.

③ 파면, 해임은 공무원신분을 완전히 해제하는 배제징계이다.

④ 강등, 정직, 감봉, 견책은 공무원신분을 유지하면서 신분적 이익의 일부를 제한함을 내용으로 하는 교정징계이다.

해설

'경징계'란 감봉 및 견책을 말한다(경찰공무원 징계령 제2조 제2호).

39 경찰공무원의 소청심사에 관한 다음 설명 중 가장 옳지 않은 것은?

20. 해경간부

① 소청심사위원회가 소청 사건을 심사하기 위하여 징계요구 기관이나 관계기관의 소속 공무원을 증인으로 소환하면 해당 기관의 장은 이에 따라야 한다.

② 경찰공무원의 징계처분에 대해서 소청심사위원회의 심사·결정을 거치지 아니하고 행정소송을 제기할 수 있다.

③ 소청심사위원회 상임위원의 임기는 3년으로 하며, 한 번만 연임할 수 있다.

④ 소청심사위원회는 국가공무원법에 따른 소청을 접수하면 지체 없이 심사하여야 한다.

해설

징계처분, 그 밖에 본인의 의사에 반한 불리한 처분이나 부작위(不作爲)에 관한 행정소송은 소청심사위원회의 심사·결정을 거치지 아니하면 제기할 수 없다(국가공무원법 제16조 제1항).

40 경찰권 발동의 한계에서 '경찰비례의 원칙'에 대한 설명으로 틀린 것은 모두 몇 개인가?

18. 해경

> ㉠ '경찰비례의 원칙'이란 일반적으로 행정작용에 있어 목적 실현을 위한 수단과 당해 목적 사이에 합리적인 비례관계가 있어야 한다는 원칙이다.
> ㉡ '경찰비례의 원칙'의 내용에는 적합성의 원칙, 필요성의 원칙, 상당성의 원칙이 있으며, 그 적용순서도 적합성의 원칙, 필요성의 원칙, 상당성의 원칙의 순서대로 적용된다.
> ㉢ '참새를 쫓기 위해 대포를 쏘아서는 안 된다'는 표현은 적합성의 원칙을 말한다.
> ㉣ 해양경찰관이 범인을 제압하는 도중 상대방과 근접한 거리에서 얼굴을 향해 가스총을 발사하여 상대방 눈 한쪽이 실명된 경우 비례의 원칙을 준수했다고 보기 힘들다.
> ㉤ 실정법적인 근거로는 헌법 제37조 제2항과 경찰관 직무집행법 제1조 제2항, 해양경비법 제8조 등이 있다.
> ㉥ 경찰작용은 적합성, 필요성, 상당성의 원칙 중 적어도 어느 하나는 충족되어야 한다.

① 모두 옳은 지문   ② 1개

③ 2개   ④ 3개

해설

지문의 내용 중 틀린 것은 ㉢㉥이다.

㉢ 해당 지문은 상당성의 원칙(협의의 비례의 원칙)에 대한 설명이다.

㉥ 비례의 원칙은 적합성의 원칙, 비례성의 원칙, 상당성의 원칙 중 어느 한 가지 원칙을 충족해야 하는 것이 아니라 세 가지 원칙 모두를 충족해야 한다.

41 경찰권은 법규에 의한 제약 외에도 조리상의 한계를 가진다. 다음은 조리상의 한계 중 무엇에 대한 설명인가?

20. 해경간부

ⓐ 일반적으로 협의의 비례원칙으로도 불린다.

ⓑ 경찰권의 행사로 인해 발생되는 불이익이 경찰권의 행사로 인해 초래되는 효과보다 큰 경우에는 의도한 조치가 취해져서는 안 된다.

ⓒ 나무에 앉아 있는 참새를 쫓기 위해 대포를 쏘아서는 안 된다.

---

① 경찰비례의 원칙 중 적합성
② 경찰비례의 원칙 중 필요성
③ 경찰비례의 원칙 중 상당성
④ 경찰비례의 원칙 중 사생활 자유의 원칙

해설

지문의 내용은 경찰비례의 원칙 중 상당성의 원칙에 대한 설명이다.

---

42 경찰관 직무집행법 제2조 규정에 의한 직무의 범위를 열거한 것이다. 다음 중 옳지 않은 것은 모두 몇 개인가?

20. 해경간부

ⓐ 국민의 생명·신체 및 재산의 보호

ⓑ 범죄의 예방·진압 및 수사

ⓒ 해양오염 방제 및 해양수산자원 보호에 관한 조치

ⓓ 수난구호

ⓔ 경비, 주요 인사(人士) 경호 및 대간첩·대테러 작전 수행

ⓕ 공공안녕에 대한 위험의 예방과 대응을 위한 정보의 수집·작성 및 배포

ⓖ 교통 단속과 교통 위해(危害)의 방지

ⓗ 그 밖에 공공의 안녕과 질서유지

---

① 1개
② 2개
③ 3개
④ 4개

해설

지문의 내용 중 경찰관 직무집행법 제2조에 규정된 것은 ⓐⓑⓔⓕⓖⓗ이다.

ⓒ은 해양경비법, ⓓ은 수상에서의 수색·구조 등에 관한 법률에 규정되어 있다.

43 다음 중 해양경찰과 관련된 법률의 내용 중 옳지 않은 것은 모두 몇 개인가?

□□□

> ㉠ 해양경찰 작용과 관련하여 해양경비법에 규정되어 있더라도 경찰관 직무집행법을 우선 적용한다.
> ㉡ 경찰관 직무집행법은 국민의 자유와 권리를 보호하고 사회공공의 질서를 유지하기 위한 경찰관(경찰공무원만 해당)의 직무수행에 필요한 사항을 규정함을 목적으로 한다.
> ㉢ 경찰관 직무집행법에는 국제협력과 관련된 사항을 경찰관의 직무범위에 포함하고 있다.
> ㉣ 경찰관 직무집행법은 사회공공의 질서를 유지하기 위한 것으로 직무수행을 위해 필요하다면 규정된 직권을 적극적이고 최대한도로 수행할 수 있게 규정하고 있다.

① 1개
② 2개
③ 3개
④ 4개

해설

지문의 내용 중 옳지 않은 것은 ㉠㉣이다.
㉠ 해양경비에 관하여 이 법에서 규정한 것을 제외하고는 경찰관 직무집행법을 적용한다(해양경비법 제5조 제2항).
㉣ 이 법에 규정된 경찰관의 직권은 그 직무 수행에 필요한 최소한도에서 행사되어야 하며 남용되어서는 아니 된다(경찰관 직무집행법 제1조 제2항).

44 다음 중 경찰관 직무집행법상 불심검문에 대한 설명으로 가장 옳지 않은 것은?

□□□

① 경찰관은 거동불심자를 정지시켜 질문할 때에 그 사람이 흉기를 가지고 있는지 여부를 조사할 수 있다.
② 경찰관은 불심검문시 거동불심자를 정지시킨 장소에서 질문하는 것이 그 사람에게 불리하거나 교통에 방해가 된다고 인정될 때에는 질문을 하기 위하여 가까운 경찰관서로 동행할 것을 요구할 수 있다.
③ 경찰관은 거동불심자를 정지시켜 질문할 때에 미리 진술거부권이 있음을 상대방에게 고지하여야 한다.
④ 경찰관은 동행한 사람의 가족이나 친지 등에게 동행한 경찰관의 신분, 동행장소, 동행목적과 이유를 알리거나 본인으로 하여금 즉시 연락할 수 있는 기회를 주어야 하며, 변호인의 도움을 받을 권리가 있음을 알려야 한다.

해설

현재 시행 중인 경찰관 직무집행법에는 변호인의 도움을 받을 권리에 대한 고지의무는 명시적인 규정이 있으나 진술거부권 고지에 대한 명시적인 규정은 없다(경찰관 직무집행법 제3조).

45 경찰관 직무집행법의 위험 발생의 방지 등을 위한 조치 중 가장 옳지 않은 것은? 20. 해경승진

① 그 장소에 모인 사람, 사물의 관리자, 그 밖의 관계인에게 필요한 경고를 하는 것

② 매우 긴급한 경우에는 위해를 입을 우려가 있는 사람을 필요한 한도에서 억류하거나 피난시키는 것

③ 그 장소에 있는 사람, 사물의 관리자, 그 밖의 관계인에게 위해를 방지하기 위하여 필요하다고 인정되는 조치를 하게 하거나 직접 그 조치를 하는 것

④ 소요 사태의 진압을 위하여 필요하다고 인정되는 상당한 이유가 있을 때에는 국가중요시설에 대한 접근 또는 통행을 제한할 수 있지만 금지할 수는 없다.

해설
경찰관서의 장은 대간첩 작전의 수행이나 소요(騷擾) 사태의 진압을 위하여 필요하다고 인정되는 상당한 이유가 있을 때에는 대간첩 작전지역이나 경찰관서·무기고 등 국가중요시설에 대한 접근 또는 통행을 제한하거나 금지할 수 있다(경찰관 직무집행법 제5조 제2항).

46 다음 중 경찰관 직무집행법상 경찰장구로 가장 올바르게 연결된 것은? 20. 해경승진

㉠ 수갑	㉡ 포승
㉢ 경찰봉	㉣ 방패
㉤ 가스분사기	㉥ 최루탄

① ㉠ - ㉡   ② ㉠ - ㉥

③ ㉢ - ㉤   ④ ㉡ - ㉤

해설
지문의 내용 중 경찰장구에 해당하는 것은 ㉠㉡㉢㉣이다. '경찰장구'란 경찰관이 휴대하여 범인 검거와 범죄 진압 등의 직무 수행에 사용하는 수갑, 포승(捕繩), 경찰봉, 방패 등을 말한다(경찰관 직무집행법 제10조 제2항).

47 다음 중 경찰관 직무집행법(이하 '이 법'이라 한다.)을 설명하는 내용으로 가장 옳지 않은 것은? 21. 해경

① 경찰관은 어떠한 죄를 범하였거나 범하려 하고 있다고 의심할 만한 상당한 이유가 있는 사람 또는 이미 행하여진 범죄나 행하여지려고 하는 범죄행위에 관한 사실을 안다고 인정되는 사람을 정지시켜 질문할 수 있다.

② 경찰장비란 무기, 경찰장구, 최루제와 그 발사장치, 살수차, 감식기구, 해안 감시기구, 통신기기, 차량·선박·항공기 등 경찰이 직무를 수행할 때 필요한 장치와 기구를 말한다.

③ 이 법에 규정된 경찰관의 의무를 위반하거나 직권을 남용하여 다른 사람에게 해를 끼친 사람은 6개월 이하의 징역이나 금고에 처한다.

④ 해양경찰청장은 이 법에 따른 해양경찰관의 직무수행을 위하여 외국 정부기관, 국제기구 등과 자료교환, 국제협력 활동 등을 할 수 있다.

해설
이 법에 규정된 경찰관의 의무를 위반하거나 직권을 남용하여 다른 사람에게 해를 끼친 사람은 1년 이하의 징역이나 금고에 처한다(경찰관 직무집행법 제12조).

48 주취자에 대한 파출소 근무자의 조치요령에 대한 설명으로 가장 옳지 않은 것은?

18. 해경

① 주취자가 파출소 내에서 소란·공무집행방해시 CCTV를 작동하여 채증한다.

② 부상당한 주취자 발견시 사진촬영을 하여 항의나 오해의 소지가 없도록 한다.

③ 타인의 생명·신체와 재산에 위해를 미칠 우려가 있는 주취자에 대해서는 보호조치가 불필요하다.

④ 형사사건으로 구속대상이 아닐 경우 보호자나 친구 등 지인을 찾아 우선 귀가 조치한 다음 출석하도록 하여 조사한다.

해설

사안의 경우 경찰관 직무집행법 제4조에 규정된 보호조치 대상자에 해당한다.

> **경찰관 직무집행법**
> **제4조【보호조치 등】** ① 경찰관은 수상한 행동이나 그 밖의 주위 사정을 합리적으로 판단해 볼 때 다음 각 호의 어느 하나에 해당하는 것이 명백하고 응급구호가 필요하다고 믿을 만한 상당한 이유가 있는 사람(이하 '구호대상자'라 한다)을 발견하였을 때에는 보건의료기관이나 공공구호기관에 긴급구호를 요청하거나 경찰관서에 보호하는 등 적절한 조치를 할 수 있다.
> 1. 정신착란을 일으키거나 술에 취하여 자신 또는 다른 사람의 생명·신체·재산에 위해를 끼칠 우려가 있는 사람
> 2. 자살을 시도하는 사람
> 3. 미아, 병자, 부상자 등으로서 적당한 보호자가 없으며 응급구호가 필요하다고 인정되는 사람. 다만, 본인이 구호를 거절하는 경우는 제외한다.

49 다음 중 해양경비법의 목적에 대한 내용 중 가장 옳지 않은 것은?

21. 해경

① 해양안보 확보

② 해양오염의 예방

③ 치안질서 유지

④ 해양수산자원 및 해양시설 보호

해설

이 법은 경비수역에서의 <u>해양안보 확보</u>, <u>치안질서 유지</u>, <u>해양수산자원 및 해양시설 보호</u>를 위하여 해양경비에 관한 사항을 규정함으로써 국민의 안전과 공공질서의 유지에 이바지함을 목적으로 한다(해양경비법 제1조).

50 다음 중 해양경비법에 명시된 경비수역의 종류가 아닌 것은?

18. 해경

① 연안수역

② 근해수역

③ 내해수역

④ 원해수역

해설

'경비수역'이란 대한민국의 법령과 국제법에 따라 대한민국의 권리가 미치는 수역으로서 연안수역, 근해수역 및 원해수역을 말한다(해양경비법 제2조 제2호).

51 해양경비법에서 정의하는 수역에 관한 설명이다. 옳지 않은 것은 모두 몇 개인가?

> ㉠ '해양경비'란 해양경찰청장이 경비수역에서 해양주권의 수호를 목적으로 행하는 해양안보 및 해양치안의 확보, 해양수산자원 및 해양시설의 보호를 위한 경찰권의 행사를 말한다.
> ㉡ '근해수역'이란 영해 및 접속수역법에 따른 영해를 말한다.
> ㉢ '원해수역'이란 해양수산발전 기본법에 따른 해양 중 연해수역과 근해수역을 제외한 수역을 말한다.
> ㉣ '연해수역'이란 영해 및 접속수역법에 따른 영해 및 내수(내수면어업법에 따른 내수면은 제외한다)를 말한다.

① 0개 ② 1개
③ 2개 ④ 3개

해설

지문의 내용 중 옳지 않은 것은 ㉡㉢㉣이다.
㉡ '근해수역'이란 영해 및 접속수역법 제3조의2에 따른 접속수역을 말한다(해양경비법 제2조 제4호).
㉢ '원해수역'이란 해양수산발전 기본법 제3조 제1호에 따른 해양 중 연안수역과 근해수역을 제외한 수역을 말한다(해양경비법 제2조 제5호).
㉣ '연안수역'이란 영해 및 접속수역법 제1조 및 제3조에 따른 영해 및 내수(내수면어업법 제2조 제1호에 따른 내수면은 제외한다)를 말한다(해양경비법 제2조 제3호).

52 다음 중 해양경비법에 따른 용어의 정의로 가장 옳지 않은 것은?

① '경비세력'이란 해양경찰청장이 해양경비를 목적으로 투입하는 인력, 함정, 항공기 및 전기통신설비 등을 말한다.
② '해상검문검색'이란 해양경찰청장이 경비세력을 사용하여 경비수역에서 선박 등을 대상으로 정선요구, 승선, 질문, 사실 확인, 선체 수색이나 그 밖에 필요한 조치를 하는 것을 말한다.
③ '해양경비'란 해양경찰청장이 경비수역에서 해양주권의 수호를 목적으로 행하는 해양안보 및 해양치안의 확보, 해양수산자원 및 해양시설의 보호를 위한 경찰권의 행사를 말한다.
④ '경비수역'이란 대한민국의 법령과 국제법에 따라 대한민국의 권리가 미치는 수역으로서 연안수역, 내해수역 및 원양수역을 말한다.

해설

'경비수역'이란 대한민국의 법령과 국제법에 따라 대한민국의 권리가 미치는 수역으로서 연안수역, 근해수역 및 원해수역을 말한다(해양경비법 제2조 제2호).

53 해양경비법상 '해상검문검색'의 정의에 관한 설명이다. 괄호 안에 들어갈 말을 가장 알맞게 묶은 것은?

20. 해경간부

> '해상검문검색'이란 해양경찰청장이 경비세력을 사용하여 경비수역에서 선박 등을 대상으로 (　　)이나 그 밖의 필요한 조치를 하는 것을 말한다.

① 정선 요구, 승선, 질문, 사실 확인, 선체 수색
② 정선 요구, 승선, 질문, 선체 나포, 사실 확인
③ 정선 요구, 추적, 심문, 사실 확인, 선체 수색
④ 정선 요구, 추적, 질문, 선체 나포, 사실 확인

해설

'해상검문검색'이란 해양경찰청장이 경비세력을 사용하여 경비수역에서 선박 등을 대상으로 <u>정선(停船) 요구, 승선(乘船), 질문, 사실 확인, 선체(船體) 수색</u>이나 그 밖에 필요한 조치를 하는 것을 말한다(해양경비법 제2조 제9호).

54 해양경비법의 적용범위와 다른 법률과의 관계에 관한 설명으로 가장 옳지 않은 것은?

20. 해경간부

① 경비수역에 있는 선박 등이나 해양시설에 대하여 적용한다.
② 경비수역을 제외한 수역에 있는 대한민국 선박에 대하여도 적용된다(선박법 제2조에 따른 대한민국 선박에 한한다).
③ 해양경비와 관련해서는 통합방위법에 규정되어 있더라도 해양경비법에 정한 것을 우선 적용하게 되어 있다.
④ 해양경비법과 통합방위법, 해양경비법과 경찰관 직무집행법간의 관계를 명확하게 규정하고 있다.

해설

해양경비에 관하여 통합방위법에서 규정한 것을 제외하고는 이 법에서 정하는 바에 따른다(해양경비법 제5조 제1항).

55 해양경비법상 해양경찰청장은 해양경비 활동을 효율적으로 수행하기 위하여 해양경비기본계획(이하 기본계획)을 수립·추진하여야 한다. 이와 관련하여 옳은 것은 모두 몇 개인가?

20. 해경간부

> ㉠ 기본계획은 5년마다 수립하여 추진하여야 한다.
> ㉡ 지방해양경찰청장은 수립된 기본계획에 따라 매년 전년도 해양경비 실적이나 치안여건 등을 분석하여 해당 연도의 중점 경비대상과 달성목표 등을 포함한 연간 해양경비계획을 수립하여야 한다.
> ㉢ 기본계획에는 주변정세의 변화에 따른 해양치안 수요분석에 관한 사항이 포함되어야 한다.
> ㉣ 기본계획에는 경비세력 증감에 대한 전망 및 인력·재원의 조달에 관한 사항이 포함되어야 한다.
> ㉤ 기본계획에 국제공조에 대한 내용은 포함되지 않는다.
> ㉥ 경비수역별 특성에 맞는 경비 방법에 대한 사항은 지방청장이 수립하는 연간 해양경비계획에만 포함하면 된다.

① 3개 ② 4개
③ 5개 ④ 6개

해설

지문의 내용 중 옳은 것은 ㉠㉢㉣이다.
㉡ 해양경찰청장은 수립된 기본계획에 따라 매년 전년도 해양경비 실적이나 치안여건 등을 분석하여 해당 연도의 중점 경비대상과 달성목표 등을 포함한 연간 해양경비계획을 수립하여야 한다(해양경비법 제6조 제4항).
㉤ 기본계획에는 해양치안 수요에 따른 경비세력의 운용방안 및 국제공조에 관한 사항이 포함되어야 한다(해양경비법 제6조 제2항 제2호).
㉥ 경비수역별 특성에 알맞은 경비 방법에 관한 사항은 해양경찰청장이 수립하는 기본계획 및 연간 해양경비계획에 포함되어야 한다(해양경비법 제6조 제2항 제4호, 재4항).

56 다음 중 해양경비법상 해양경찰관이 해상검문검색을 하는 경우 선장 등에게 고지하여야 하는 것으로 가장 옳지 않은 것은?

18. 해경

① 소속
② 계급
③ 성명
④ 해상검문검색의 목적과 이유

해설

해양경찰관은 해상검문검색을 목적으로 선박 등에 승선하는 경우 선장(선박 등을 운용하는 자를 포함한다. 이하 같다)에게 소속, 성명, 해상검문검색의 목적과 이유를 고지하여야 한다(해양경비법 제12조 제2항).

57 해양경비법 일부에 대한 설명이다. ⓣ에 대한 설명으로 가장 옳지 않은 것은?

> 해양경비법 제14조에 의하면 해양경찰관은 경비수역에서 선박 등이 본래의 목적을 벗어나 다른 선박 등의 항행 또는 입·출항 등에 현저히 지장을 주는 행위를 하는 경우에 해당 선박에 대해 경고, 이동·해산명령 등 (ⓣ)을 할 수 있다.

① 임해 중요시설 경계 바깥으로 1km 이내 경비수역에서 선박 등이 무리를 지어 위력적인 방법으로 항행하여 안전사고 발생 우려가 높은 행위에도 ⓣ을 할 수 있다.

② UN해양법협약에 따라 외국 선박에 대해서는 ⓣ을 실시할 수 없다.

③ 선박이 항·포구 내외의 수역과 지정된 항로에서 항법상 정상적인 횡단방법을 일탈하여 다른 선박의 항행에 지장을 주는 행위에도 ⓣ을 할 수 있다.

④ 선박이 항·포구 내외의 수역과 지정된 항로에서 무리를 지어 장시간 점거하는 행위에도 ⓣ을 할 수 있다.

해설

지문의 내용은 해상항행 보호조치에 대한 설명이다. 연안수역에서는 외국 선박에 대한 해상항행 보호조치의를 실시할 수 있다(해양경비법 제14조 제1항).

58 다음 중 해양경비법에 대한 내용으로 옳은 것은 모두 몇 개인가?

> ⓣ 외국 선박에 대한 해상항행 보호조치는 근해수역에서만 실시한다.
> ⓛ 임해 중요시설 경계 바깥쪽으로부터 1해리 이내 경비수역에서 선박 등이 무리를 지어 위력적인 방법으로 항행 또는 점거함으로써 안전사고가 발생할 우려가 높은 경우 해상항행 보호조치를 할 수 있다.
> ⓒ 해양경찰관은 다른 선박의 항행 안전에 지장을 주거나 진로 등 항행상태가 일정하지 아니하고 정상적인 항법을 일탈하여 운항되는 선박 등에 대하여 해상검문검색을 실시할 수 있다.
> ⓔ 해양경찰관은 무기류 또는 관련 물자의 수송에 사용되고 있다고 의심되는 외국 선박에 대해 해양경비법에 따라 추적권을 행사할 수 있다

① 1개   ② 2개

③ 3개   ④ 4개

해설

지문의 내용 중 옳은 것은 ⓒ이다.

ⓣ 외국 선박에 대한 해상항행 보호조치는 <u>연안수역</u>에서만 실시한다(해양경비법 제14조 제1항).

ⓛ 임해 중요시설 경계 바깥쪽으로부터 <u>1km</u> 이내 경비수역에서 선박 등이 무리를 지어 위력적인 방법으로 항행 또는 점거함으로써 안전사고가 발생할 우려가 높은 행위를 하는 선박 등의 선장에 대하여 경고, 이동·해산 명령 등 해상항행 보호조치를 할 수 있다(해양경비법 제14조 제1항 제3호).

ⓔ 대량파괴무기나 그 밖의 무기류 또는 관련 물자의 수송에 사용되고 있다고 의심되는 선박 등에 대하여 주위의 사정을 합리적으로 판단하여 상당한 이유가 있는 경우 <u>해상검문검색</u>을 실시할 수 있다(해양경비법 제12조 제1항 제2호).

59 다음 중 해양경비법상 해상항행 보호조치 등에 대한 설명으로 옳은 것은 모두 몇 개인가?

□□□

⊙ 외국 선박에 대한 해상항행 보호조치는 근해수역에서만 실시한다.

ⓒ 해양경찰관은 임해 중요시설 경계 바깥쪽으로부터 10km 이내 경비수역에서 무리를 지어 위력적인 방법으로 항행하는 선박의 선장에 대하여 해산명령 등 해상항행 보호조치를 할 수 있다.

ⓒ 해양경찰관은 대량파괴무기나 그 밖의 무기류 또는 관련 물자의 수송에 사용되고 있다고 의심되는 선박의 선장에 대하여 이동 등 해상항행 보호조치를 할 수 있다.

ⓔ 해양경찰관은 해상검문검색에 따르지 아니하고 도주하는 선박의 선장에 대하여 경고 등 해상항행 보호조치를 할 수 있다.

ⓜ 해양경찰관은 선박의 입항 및 출항 등에 관한 법률에 따른 무역항의 수상구역에서 선박의 화재로 선박이 침몰 위험에 처하여 중대한 재산상 손해의 발생 우려가 현저한 경우에는 그 선박의 선장에 대하여 이동·피난 명령 등 안전조치를 할 수 있다.

① 0개

② 1개

③ 2개

④ 3개

해설

모두 옳지 않은 지문이다.

⊙ 외국 선박에 대한 해상항행 보호조치는 연안수역에서만 실시한다(해양경비법 제14조 제1항).

ⓒ 임해 중요시설 경계 바깥쪽으로부터 1km 이내 경비수역에서 선박 등이 무리를 지어 위력적인 방법으로 항행 또는 점거함으로써 안전사고가 발생할 우려가 높은 행위를 하는 선박의 선장에 대하여 해산명령 등 해상항행 보호조치를 할 수 있다(해양경비법 제14조 제1항 제3호).

ⓒ 대량파괴무기나 그 밖의 무기류 또는 관련 물자의 수송에 사용되고 있다고 의심되는 선박 등에 대하여 주위의 사정을 합리적으로 판단하여 상당한 이유가 있는 경우 해상검문검색을 실시할 수 있다(해양경비법 제12조 제1항 제2호).

ⓔ 해상검문검색에 따르지 아니하고 도주하는 선박 등에 대하여 추적·나포(拿捕)할 수 있다(해양경비법 제13조 제1호).

ⓜ 해양경찰관은 경비수역(이 항에서 선박의 입항 및 출항 등에 관한 법률에 따른 무역항의 수상구역 등의 수역은 제외한다)에서 위험물의 폭발 또는 선박의 화재로 선박 등이 좌초·충돌·침몰·파손 등의 위험에 처하여 인명·신체에 대한 위해나 중대한 재산상 손해의 발생 또는 해양오염의 우려가 현저한 경우에는 그 선박 등의 선장에 대하여 경고, 이동·피난 명령 등 안전조치를 할 수 있다(해양경비법 제14조 제2항 제2호).

60 다음 중 해양경비법에 대한 내용으로 가장 옳지 않은 것은? 20. 해경

① 해양경찰관은 다른 선박의 항행 안전에 지장을 주거나 진로 등 항행상태가 일정하지 아니하고 정상적인 항법을 일탈하여 운항되는 선박 등에 대하여 해상검문검색을 실시할 수 있다.

② 해양경찰관은 해상검문검색을 목적으로 선박 등에 승선하는 경우 선장에게 소속, 성명, 해상검문검색의 목적과 이유를 고지하여야 한다.

③ 해양경찰관은 해상검문검색에 따르지 아니하고 도주하는 선박 등에 대하여 추적·나포할 수 있다.

④ 해양경찰관은 무기류 또는 관련 물자의 수송에 사용되고 있다고 의심되는 외국 선박에 대해 해양경비법에 따라 추적권을 행사할 수 있다.

해설

대량파괴무기나 그 밖의 무기류 또는 관련 물자의 수송에 사용되고 있다고 의심되는 선박 등에 대하여 주위의 사정을 합리적으로 판단하여 상당한 이유가 있는 경우 해상검문검색을 실시할 수 있다(해양경비법 제12조 제1항 제2호).

61 다음 중 해양경비법 시행령 제5조에 따른 경찰장비 및 경찰장구의 사용기준으로 가장 옳은 것은? 20. 해경

① 통상의 용법에 따라 사용할 것

② 목적 달성에 필요한 최대한의 범위에서 사용할 것

③ 다른 사람의 생명·재산에 대한 위해를 최소화할 것

④ 범인을 신속하게 제압할 수 있을 것

해설

② 목적 달성에 필요한 최소한의 범위에서 사용할 것

③ 다른 사람의 생명·신체에 대한 위해(危害)를 최소화할 것

④ 동 규정에는 지문의 내용에 대한 명시적인 규정이 존재하지 않는다.

62 다음 〈보기〉 중 해양경비법(시행령·시행규칙 포함)의 내용에 대한 설명으로 옳지 않은 것은 모두 몇 개인가?

21. 해경

〈보기〉
㉠ 해양경찰관은 해양경비 활동 중 자기 또는 다른 사람의 신체·재산에 대한 위해를 방지하기 위한 경우 무기를 사용할 수 있다.
㉡ 해양경찰관은 해양경비 활동 중 선박 등이 3회 이상 정선 또는 이동 명령에 따르지 아니하는 경우 공용화기를 사용할 수 있다.
㉢ 대간첩·대테러 작전 등 국가안보와 관련되는 작전을 수행하는 경우 개인화기 외에 공용화기를 사용할 수 있다.
㉣ 해양경비법 시행령 제5조(경찰장비·경찰장구의 종류 및 사용기준)상 경찰장비에는 소화포, 투색총(줄을 쏘도록 만든 특수총)이, 경찰장구에는 페인트볼이 포함된다.

① 없음
② 1개
③ 2개
④ 3개

해설

지문의 내용 중 옳지 않은 것은 ㉠㉡㉣이다.
㉠ 자기 또는 다른 사람의 생명·신체에 대한 위해(危害)를 방지하기 위한 경우 무기를 사용할 수 있다(해양경비법 제17조 제1항 제3호).
㉡ 선박 등이 3회 이상 정선 또는 이동 명령에 따르지 아니하고 경비세력에게 집단으로 위해를 끼치거나 끼치려는 경우에는 개인화기(個人火器) 외에 공용화기를 사용할 수 있다(해양경비법 제17조 제2항 제3호).
㉣ 지문의 내용 중 투색총은 경찰장구에 해당한다(해양경비법 시행령 제5조 제1항 제2호).

63 경찰장비(무기, 경찰장구 등)의 사용과 관련된 다음 내용 중 옳지 않은 것은 모두 몇 개인가?

19. 해경

㉠ 사람에게 위해를 끼치는 무기사용이 가능한 경우는 경찰관 직무집행법 제10조의4에 규정되어 있다.
㉡ 경찰관 직무집행법상 위해성 경찰장비는 필요한 최소한도에서 사용하여야 한다.
㉢ 해양경비법상 선박 등을 해상검문검색하는 경우나 범인을 체포하기 위한 경우 무기를 사용할 수 있다.
㉣ 해양경비법상 자기 또는 다른 사람의 생명·신체에 대한 위해를 방지하기 위한 경우 무기를 사용할 수 있다.
㉤ 해양경비법상 대간첩작전 등 작전을 수행하는 경우 공용화기를 사용할 수 있다.

① 0개
② 1개
③ 2개
④ 3개

해설

지문 중 틀린 것은 ㉢이다. 해상검문검색시에는 경찰장비 및 경찰장구를 사용할 수 있다.

해양경비법
제17조【무기의 사용】① 해양경찰관은 해양경비 활동 중 다음 각 호의 어느 하나에 해당하는 경우에는 무기를 사용할 수 있다. 이 경우 무기사용의 기준은 경찰관 직무집행법 제10조의4에 따른다.
1. 선박 등의 나포와 범인을 체포하기 위한 경우
2. 선박 등과 범인의 도주를 방지하기 위한 경우
3. 자기 또는 다른 사람의 생명·신체에 대한 위해(危害)를 방지하기 위한 경우
4. 공무집행에 대한 저항을 억제하기 위한 경우

64 □□□ 다음 중 해양경비법상 무기사용에 대한 설명으로 가장 옳은 것은?

① 해양경찰관은 해양경비 활동 중 자기 또는 다른 사람의 신체·재산에 대한 위해를 방지하기 위한 경우 무기를 사용할 수 있다.

② 해양경찰관은 해양경비 활동 중 선박 등이 3회 이상 정선 또는 이동 명령에 따르지 아니하는 경우 공용화기를 사용할 수 있다.

③ 해양경찰관은 해양경비 활동 중 공무집행에 대한 저항을 억제하기 위한 경우 공용화기를 사용할 수 있다.

④ 해양경찰관이 해양경비 활동 중 무기를 사용하는 경우 무기사용의 기준은 경찰관 직무집행법 제10조의4에 따른다.

해설

① 해양경찰관은 해양경비 활동 중 자기 또는 다른 사람의 <u>생명·신체</u>에 대한 위해(危害)를 방지하기 위한 경우에는 무기를 사용할 수 있다. 이 경우 무기사용의 기준은 경찰관 직무집행법 제10조의4에 따른다(해양경비법 제17조 제1항 제3호).

② 선박등이 3회 이상 정선 또는 이동 명령에 따르지 아니하고 <u>경비세력에게 집단으로 위해를 끼치거나 끼치려는 경우</u>에는 개인화기(個人火器) 외에 공용화기를 사용할 수 있다(해양경비법 제17조 제2항 제3호).

③ 해양경찰관은 해양경비 활동 중 공무집행에 대한 저항을 억제하기 위한 경우에는 <u>무기를 사용</u>할 수 있다(해양경비법 제17조 제1항 제4호).

제1절 | 해양경찰관리 일반

01 다음 중 기획과정의 순서를 가장 옳게 나열한 것은?   19. 해경

☐☐☐

㉠ 상황분석	㉡ 기획전제의 설정
㉢ 목표설정	㉣ 대안의 탐색·평가
㉤ 최적안의 선택	

① ㉠-㉡-㉢-㉣-㉤   ② ㉠-㉢-㉡-㉣-㉤

③ ㉢-㉠-㉡-㉣-㉤   ④ ㉢-㉠-㉡-㉤-㉣

해설

기획과정은 목표설정 → 상황분석 → 기획전제의 설정 → 대안의 탐색·평가 → 최적안의 선택 순서로 진행된다.

제2절 | 해양경찰조직관리

02 다음 중 계층제에 대한 내용으로 가장 옳지 않은 것은?   21. 해경간부

☐☐☐

① 엄격한 명령계통에 따라 상명하복의 관계 유지를 위해서는 통솔 범위를 넓게 설정한다.

② 하위 계층간 갈등과 분쟁이 발생한 경우 계층제를 통해 갈등과 분쟁이 해결되고 조정할 수 있어 조직의 통일성과 안정성을 유지하는 데 기여한다.

③ 조직에서 지휘명령 등 의사소통, 특히 상의하달의 통로가 확보되는 순기능이 있다.

④ 조직 내의 권한과 책임 및 의무의 정도가 상하의 계층에 따라 달라지도록 조직을 설계하는 것을 말한다.

해설

엄격한 명령계통에 따라 상명하복의 관계 유지를 위해서는 통솔 범위를 <u>좁게</u> 설정한다.

03 조정의 원리란 '갈등을 조정하고 조직의 목표를 향해 모든 원리와 활동을 통합해 가는 것'을 말한다. 다음 중 조정
과 통합의 방법으로 가장 옳지 않은 것은?

20. 해경승진

① 적정한 능력 범위 내의 업무분담을 한다.
② 회의 또는 위원회제도를 활용한다.
③ 분업의 원리에 의한 각 분야의 전문성을 높인다.
④ 조직단위의 권한과 책임의 한계를 명확히 한다.

해설
분업을 통해 전문성을 높일 수 있지만 조직 전체의 조정과 통합을 저해할 수 있다.

제3절 | 해양경찰인사관리

04 다음 중 공직분류 방식 중 계급제와 직위분류제에 대한 설명으로 가장 옳지 않은 것은?

18. 해경

① 계급제란 직위에 보임하고 있는 공무원의 자격 및 신분을 중심으로 계급을 만드는 제도를 말한다.
② 계급제는 직위분류제에 비해 직무중심의 분류방법이다.
③ 직위분류제는 전직이 제한되고 동일한 직무를 장기간 담당하게 되어, 행정의 전문화에 기여하고 권한과 책임의 한계를 명확히 하는 데 유리하다.
④ 해양경찰 공직 방식은 계급제 위주에 직위분류제적 요소를 가미한 형태이다.

해설
계급제는 인간중심의 공직분류 방식에 해당하고, 직위분류제는 직무중심의 공직분류 방식에 해당한다.

05 다음 중 공직의 분류 방식에 대한 설명으로 가장 옳지 않은 것은?

20. 해경

① 계급제는 직위에 보임하고 있는 공무원의 자격 및 신분을 중심으로 계급을 만드는 제도를 말한다.
② 계급제는 직위분류제에 비해 직무중심의 분류방법이다.
③ 직위분류제는 전직이 제한되고 동일한 직무를 장기간 담당하게 되어, 행정의 전문화에 기여하고 권한과 책임의 한계를 명확히 하는 데 유리하다.
④ 우리나라의 공직분류는 계급제 위주에 직위분류제적 요소를 가미한 형태이다.

해설
계급제는 직위분류제에 비해 인간중심의 분류방법이다.

06 공직분류의 방식에는 크게 계급제와 직위분류제가 있다. 다음의 설명 중 직위분류제와 관련 있는 것으로 묶은 것은?

20. 해경간부

> ㉠ 직무의 종류, 난이도, 책임에 따라 직급이 같더라도 서로 다른 보수를 받고 권한과 책임의 영역을 명확하게 하는 제도이다.
> ㉡ 직무에 보임하고 있는 공무원의 자격 및 신분을 중심으로 계급을 만드는 제도이다.
> ㉢ 사람중심의 분류방법이다.
> ㉣ 직무중심의 분류방법이다.
> ㉤ 개방형 충원방식이다.
> ㉥ 폐쇄형 충원방식이다.

① ㉡, ㉣, ㉤
② ㉠, ㉣, ㉤
③ ㉠, ㉢, ㉤
④ ㉠, ㉢, ㉥

해설
지문의 내용 중 직위분류제와 관련이 있는 것은 ㉠㉣㉤이다. ㉡㉢은 계급제에 대한 설명이다.

제4절 ǀ 해양경찰예산관리(국가재정법)

07 다음은 성립과정을 중심으로 예산의 종류를 설명한 것이다. 괄호 안의 내용과 관련하여 설명이 가장 올바른 것은?

19. 해경

> • (㉠)은(는) 최초로 편성되어 국회에 제출된 후 국회에서 의결을 통해 확정된 예산
> • (㉡)은(는) 행정부가 예산안을 국회에 제출한 이후 성립·확정되기 전에 예산안의 일부내용을 변경하여 다시 국회에 제출한 예산
> • (㉢)은(는) 예산이 확정된 이후에 생긴 사유로 인해 이미 성립한 예산에 변경을 가한 예산
> • (㉣)은(는) 회계연도 개시 전까지 예산이 성립하지 못한 경우, 당초 연도 예산이 국회에서 의결될 때까지 전년도에 준해서 임시로 지출하는 예산

① ㉠은 준예산에 대한 설명이다.
② ㉡은 해당부처에서 별도의 심의절차 없이 대통령의 승인만을 얻어 국회에 제출한다.
③ 우리나라는 ㉢을 편성한 경우가 있다.
④ ㉣은 국회에서 예산 확정되기 전까지 지출목적과 용도에 관계없이 사용할 수 있다.

해설
③이 옳은 설명이다.
㉠ 본예산에 대한 설명이다.
㉡ 수정예산에 대한 설명이다. 정부는 예산안을 국회에 제출한 후 부득이한 사유로 인하여 그 내용의 일부를 수정하고자 하는 때에는 국무회의의 심의를 거쳐 대통령의 승인을 얻은 수정예산안을 국회에 제출할 수 있다(국가재정법 제35조).
㉢ 추가경정예산에 대한 설명이다.
㉣ 준예산에 대한 설명이다. 준예산은 헌법이나 법률에 의하여 설치된 기관 또는 시설의 유지·운영, 법률상 지출의무의 이행, 이미 예산으로 승인된 사업의 계속을 위한 목적으로만 지출할 수 있다(대한민국헌법 제54조 제3항).

08 다음은 국가재정법에 따른 예산의 구성요소를 설명한 것이다. 가장 옳은 것은? 20. 해경승진

> 세출예산 중 경비의 성질상 연도 내에 지출을 끝내지 못할 것이 예측될 때 세입 세출예산에 명시하여 국회의 승인을 얻은 후 다음 연도에 이월하여 사용함

① 명시이월비 　　　　　　　　　　② 이체
③ 계속비 　　　　　　　　　　　　④ 예비비

해설
지문의 내용은 명시이월비에 대한 설명이다(국가재정법 제24조).

09 다음 중 경찰 예산의 편성과정을 가장 옳게 나열한 것은? 20. 해경간부

> ㉠ 중기사업계획서 제출 　　　　　㉡ 예산요구서 제출
> ㉢ 예산안편성지침 통보 　　　　　㉣ 예산안 국회의결
> ㉤ 국무회의 심의 　　　　　　　　㉥ 예산안의 편성

① ㉠ → ㉢ → ㉡ → ㉥ → ㉤ → ㉣
② ㉠ → ㉢ → ㉡ → ㉥ → ㉣ → ㉤
③ ㉠ → ㉢ → ㉡ → ㉤ → ㉥ → ㉣
④ ㉠ → ㉡ → ㉢ → ㉣ → ㉤ → ㉥

해설
순서대로 바르게 나열된 것은 ㉠ → ㉢ → ㉡ → ㉥ → ㉤ → ㉣이다.

10 다음 중 국가재정법에 따른 예산편성 절차로 가장 옳은 것은? 20. 해경승진

① 중기사업계획서의 제출 → 예산안편성지침 시달 → 기획재정부 예산안편성 → 예산요구서 제출 → 국회 제출
② 예산안편성지침 시달 → 예산요구서 제출 → 중기사업계획서의 제출 → 기획재정부 예산안편성 → 국회 제출
③ 중기사업계획서의 제출 → 예산안편성지침 시달 → 예산요구서의 제출 → 기획재정부 예산안편성 → 국회 제출
④ 예산안편성지침 시달 → 중기사업계획서의 제출 → 기획재정부 예산안편성 → 예산요구서 제출 → 국회 제출

해설
예산편성 절차는 중기사업계획서의 제출 → 예산안편성지침 시달 → 예산요구서의 제출 → 기획재정부 예산안편성 → 국회 제출 순으로 진행된다.

11 국가재정법에 따른 예산편성절차 중 괄호 안에 들어갈 내용으로 가장 옳은 것은?

> ㉠ 각 중앙관서의 장은 매년 (A)까지 해당 회계연도부터 5회계연도 이상의 기간 동안의 신규사업 및 기획재정부장관이 정하는 주요 계속사업에 대한 중기사업계획서를 기획재정부장관에게 제출하여야 한다.
> ㉡ 기획재정부장관은 국무회의의 심의를 거쳐 대통령의 승인을 얻은 다음 연도의 예산안편성지침을 매년 (B) 까지 각 중앙관서의 장에게 통보하여야 한다.

	A	B
①	㉠ 1월 31일	㉡ 3월 31일
②	㉠ 1월 31일	㉡ 5월 31일
③	㉠ 3월 31일	㉡ 1월 31일
④	㉠ 3월 31일	㉡ 5월 31일

해설

㉠ 각 중앙관서의 장은 매년 1월 31일까지 해당 회계연도부터 5회계연도 이상의 기간 동안의 신규사업 및 기획재정부장관이 정하는 주요 계속사업에 대한 중기사업계획서를 기획재정부장관에게 제출하여야 한다(국가재정법 제28조).
㉡ 기획재정부장관은 국무회의의 심의를 거쳐 대통령의 승인을 얻은 다음 연도의 예산안편성지침을 매년 3월 31일까지 각 중앙관서의 장에게 통보하여야 한다(국가재정법 제29조).

12 다음 중 예산의 탄력적 운영제도에 대한 설명으로 가장 옳지 않은 것은?

① 전용: 예산의 목적범위 안에서 재원의 효율적 활용을 위해 세항 또는 목간의 경비를 기획재정부장관의 승인을 얻어 상호 전용할 수 있다.
② 명시이월: 세출예산 중 연도 내에 그 지출을 하지 못할 것이 예측될 때에는 미리 국회의 승인을 얻어 예산을 다음 연도에 넘겨서 사용하는 것으로 사고이월과 달리 재이월은 불가능하다.
③ 이체: 기획재정부장관은 정부조직 등에 관한 법령의 제정·개정 또는 폐지로 인하여 중앙관서의 직무와 권한에 변동이 있는 때에는 그 중앙관서의 장의 요구에 따라 그 예산을 상호 이용하거나 이체할 수 있다.
④ 이용: 예산집행상 필요에 의하여 미리 국회의 의결을 얻은 부분에 한하여 기획재정부장관의 승인을 얻어 장·관·항간에 예산금액을 이용할 수 있다.

해설

명시이월의 경우 재이월이 가능하다(국가재정법 제24조 제2항).

13 다음 중 예산의 탄력적 운영제도에 대한 설명으로 가장 옳지 않은 것은? 20. 해경간부

① 전용 - 예산의 목적범위 안에서 재원의 효율적 활용을 위해 세항 또는 목간의 경비를 기획재정부장관의 승인을 얻어 상호 전용할 수 있다.

② 명시이월 - 세출예산 중 연도 내에 그 지출을 하지 못할 것이 예측될 때에는 미리 국회의 승인을 얻어 예산을 다음 연도에 넘겨서 사용하는 것으로 사고이월과 달리 재이월은 불가능하다.

③ 이용 - 국회의 의결을 얻은 부분에 한하여 기획재정부장관의 승인을 얻어 장·관·항간에 예산금액을 이용할 수 있다.

④ 예비비 - 예측할 수 없는 예산 외의 지출 또는 예산초과지출에 충당하기 위하여 세입세출예산에 계상한 금액을 말한다.

해설
명시이월의 경우 재이월이 가능하다(국가재정법 제24조 제2항).

14 다음은 예산의 이용과 전용에 대한 설명이다. 괄호 안에 들어갈 내용으로 가장 옳은 것은? 20. 해경승진

> 이용은 국회에서 승인된 예산 중 (A)간 울타리를 뛰어 넘어 자금을 이전하는 것을 말하며 이를 위해서는 국회의 승인을 받아야 한다. 반면, 전용은 (B)간 울타리를 뛰어 넘어 자금을 이전하는 것을 말하며 이를 위해서는 국회의 승인을 받을 필요가 없다.

	A	B		A	B
①	장	관, 항, 세항, 목	②	장, 관	항, 세항, 목
③	장, 관, 항	세항, 목	④	장, 관, 항, 세항	목

해설
예산이 정한 각 기관간 또는 각 장·관·항간에 상호 이용(移用), 세항 또는 목의 금액을 전용할 수 있다(국가재정법 제46조, 제47조).

15 다음 중 국가재정법에서 정하는 결산에 관한 설명으로 가장 옳지 않은 것은? 20. 해경승진

① 각 중앙관서의 장은 회계연도마다 작성한 중앙관서결산보고서를 다음 연도 2월말일까지 기획재정부장관에게 제출하여야 한다.

② 정부는 성인지 결산서를 작성하여야 한다.

③ 기획재정부장관은 대통령의 승인을 받은 국가결산보고서를 다음 연도 4월 10일까지 국회에 제출하여야 한다.

④ 감사원은 국가결산보고서를 검사하고 그 보고서를 다음 연도 5월 20일까지 기획재정부장관에게 송부하여야 한다.

해설
기획재정부장관은 국가회계법에서 정하는 바에 따라 회계연도마다 작성하여 대통령의 승인을 받은 국가결산보고서를 다음 연도 4월 10일까지 감사원에 제출하여야 한다(국가재정법 제59조).

16 현행 우리나라의 예산과정에 대한 내용으로 가장 옳지 않은 것은?

21. 해경간부

□□□

① 예산과정은 '예산편성 – 예산집행 – 예산심의 – 예산결산' 순으로 이루어진다.

② 각 중앙관서의 장은 매년 1월 31일까지 해당 회계연도부터 5회계연도 이상의 기간 동안의 신규사업 및 기획재정부장관이 정하는 주요 계속사업에 대한 중기사업계획서를 기획재정부장관에게 제출하여야 한다.

③ 정부는 대통령의 승인을 얻은 예산안을 회계연도 개시 120일 전까지 국회에 제출하여야 한다.

④ 대한민국헌법에 의하면 정부는 회계연도마다 예산안을 편성하여 회계연도 개시 90일 전까지 국회에 제출하도록 되어 있다.

해설

예산과정은 '예산편성 → 예산심의 → 예산집행 → 예산결산' 순으로 이루어진다.

제5절 | 해양경찰 장비관리

01 함정 운영관리 규칙

17 함정 운영관리 규칙상 해양경찰 경비함정의 톤급별 명칭을 지정하고 취역순서(함정번호 순서)로 명명한다. 가장 옳지 않은 것은?

18. 해경

□□□

① 5000t급: 역사적 지명, 인물

② 3000t급: 태평양 1호, 2호, …

③ 200t급 미만 50t급 이상: 해누리 1호, 2호, …

④ 50t급 미만: 함정번호를 사용

해설

250t급 미만 50t급 이상의 경비함정에 대해 해누리 1호, 2호, …의 순서로 명명한다(함정 운영관리 규칙 제8조 제7호).

☑ 함정 운영관리 규칙상 함정 명명

```
1. 5000t급: 역사적 지명, 인물
2. 3000t급: 태평양 1호, 2호, .....
3. 1500t급: 제민 1호, 2호, .....
4. 1000t급: 한강 1호, 2호, .....
5. 500t급: 태극 1호, 2호, .....
6. 500t급 미만 250t급 이상: 해우리 1호, 2호, .....
7. 250t급 미만 50t급 이상: 해누리 1호, 2호, .....
8. 50t급 미만: 함정번호를 사용
```

18 다음 중 함정 운영관리 규칙에 대한 설명으로 가장 옳은 것은?

① 특수함정의 호칭에 있어서는 250t 이상은 '함', 250t 미만은 '정'이라고 한다.

② '중형 경비함'은 1,000t급 미만 250t 이상의 경비함을 말한다.

③ '순찰정'은 해상범죄의 예방과 단속활동을 주 임무로 하는 함정을 말한다.

④ 500t급 경비함정에는 취역순서로 '해우리 00호'라는 명칭을 부여한다(해우리 1호, 2호, …).

해설

① 경비함정의 호칭에 있어서는 250t 이상 함정은 '함', 250t 미만 함정은 '정'이라고 하며 특수함정은 500t 이상은 '함', 500t 미만은 '정'이라 한다(함정 운영관리 규칙 제6조 제1항).

③ 지문은 형사기동정에 대한 설명이다. 순찰정은 항·포구를 중심으로 해상교통 및 민생치안 업무를 주 임무로 하는 함정을 말한다(함정 운영관리 규칙 제6조 제5항 제1호, 제2호).

④ 500t급 경비함정은 태극 1호, 2호, …로 명칭을 부여한다. 500t급 미만 250t급 이상 경비함정은 해우리 1호, 2호, …로 명칭을 부여한다(함정 운영관리 규칙 제8조 제1항).

---

19 함정 운영관리 규칙에 의거, 빈칸에 알맞은 용어는?

> • (㉠): 해양경찰교육원에서 실시하는 신임·기본·전문교육 및 대형 해양오염 방제 업무 등을 수행하는 함정
> • (㉡): 천해, 갯벌, 사주 등 특수해역에서 해난 구조와 테러예방 및 진압임무를 수행하는 함정

① ㉠ 훈련함, ㉡ 형사기동정
② ㉠ 훈련함, ㉡ 공기부양정
③ ㉠ 훈련정, ㉡ 공기부양정
④ ㉠ 훈련정, ㉡ 형사기동정

해설

㉠은 훈련함, ㉡은 공기부양정이다(함정 운영관리 규칙 제6조).

---

20 함정 운영관리 규칙에는 해양경찰 업무수행을 위해 운용되는 선박을 '함정'이라고 규정하고 있다. 다음 중 '함정'에 대한 설명으로 가장 옳은 것은?

① 해상경비를 주임무로 하는 함정을 '경비함정', 특수목적 수행을 위해 운용되는 함정을 '특별함정'으로 정의하고 있다.

② 1,000t급 경비함정에는 '한강 00호'이라는 명칭을 부여한다(한강1호, 한강2호……).

③ 톤급별 경비함정 명명법이 규정되어 있으며, 5,000t급에는 역사적 사건이나 인물을 부여한다.

④ '함정'은 부선 및 부선거를 포함한다.

해설

① '경비함정'이란 해상경비를 주임무로 하는 함정을 말한다. '특수함정'이란 해양경찰 특수목적 수행을 위해 운용되는 함정을 말한다(함정 운영관리 규칙 제3조 제2호, 제3호).

③ 5000t급 경비함에는 역사적 지명, 인물을 부여한다.

④ '함정'이란 해양경찰 업무수행을 위하여 운용되는 선박(부선 및 부선거를 제외한다)을 말한다(함정 운영관리 규칙 제3조 제1호).

---

21 다음 중 함정 운영관리 규칙을 설명한 내용으로 가장 옳지 않은 것은?

① 함정은 그 운용목적에 따라 경비함정과 특수함정으로 구분한다. 경비함정은 해상경비 및 민생업무 등 해상에서의 전반적인 업무를 수행하는 함정을 말한다.

② 500t급 미만 250t급 이상인 경비함정은 취역 순서별 '해누리 1호, 2호, …' 로 명칭을 부여한다.

③ 경비함정의 호칭에 있어서는 250t 이상 함정은 '함', 250t 미만 함정은 '정'이라고 한다.

④ 경비함정은 대형 경비함(영문표기 MPL / 1,000t급 이상), 중형 경비함(영문표기 MPM / 1,000t급 미만 250t 이상), 소형 경비정(영문표기 MPS / 250t 미만)으로 구분한다.

해설

500t급 미만 250t급 이상은 <u>해우리</u> 1호, 2호, …, 250t급 미만 50급 이상은 <u>해누리</u> 1호, 2호, …로 명칭을 부여한다(함정 운영관리 규칙 제8조 제1항 제6호, 제7호).

22 다음 중 함정 운영관리 규칙에 대한 내용으로 가장 옳은 것은?

① '대기유보함정'이란 대기함정이 긴급 출동시 대기함정 임무를 수행하기 위해 매일 09:00부터 다음 날 09:00까지 지정된 함정을 말한다.

② 해양경찰서장, 서해5도 특별경비단장은 대기함정, 대기유보함정을 매일 1척씩 09:00부터 다음 날 09:00시까지 지정하여 운용한다.

③ 해양경찰서장은 소속 함정의 안전관리 실태를 안전관리 점검표에 따라 반기 1회 이상 지도·점검해야 한다.

④ 500t급 함정의 경우 3명 이내의 대기 근무인원을 편성한다.

해설

① 지문의 내용은 <u>대기예비함정</u>에 대한 설명이다. '대기유보함정'이란 대기함정, 대기예비함정을 제외한 정박함정을 말한다(함정 운영관리 규칙 제3조 제6호, 제7호).

② 해경서장, 서특단장은 대기함정, <u>대기예비함정</u>을 매일 1척씩 09:00시부터 다음 날 09:00시까지 지정하여 운용한다(함정 운영관리 규칙 제19조 제1항).

④ 1,000t급 이상은 3명 이내(대기함정은 3명), 250t급 이상은 2명 이내(대기함정은 2명)의 대기근무를 편성하도록 규정되어 있으므로 사안의 경우 2명 이내의 대기 근무인원을 편성한다(함정 운영 관리 규칙 제29조 제3항).

☑ 함정 운영관리 규칙상 대기 근무인원

> 함정 운영관리 규칙
> 제29조【대기근무】③ 대기 근무인원은 함정의 크기 및 함정 승조원(의무경찰 제외)의 수를 고려하여 다음 각 호와 같이 편성하되, 대기관은 대기자와 함께 대기 근무를 편성 운용한다. 단, 예인정은 톤급에 관계없이 250t급 미만 기준에 따른다.
> 1. 5,000t급 이상: 4명 이내(대기함정은 4명)
> 2. 3,000t급 이상: 3명 이내(대기함정은 4명)
> 3. 1,000t급 이상: 3명 이내(대기함정은 3명)
> 4. 250t급 이상: 2명 이내(대기함정은 2명)
> 5. 250t급 미만: 1명

23 다음 무기 · 탄약류 등 관리규칙에 따른 용어 중 가장 옳지 않은 것은? 20. 해경승진

① 무기고: 해양경찰관서 등에 배정된 개인화기와 공용화기를 보관하기 위하여 설치된 시설을 말한다.

② 간이무기고: 해양경찰관서 등의 각 기능별 운용부서에서 효율적 사용을 위하여 무기고로 부터 무기 · 탄약의 일부를 대여받아 별도로 보관 관리하는 시설을 말한다.

③ 무기 · 탄약 관리 책임자: 해양경찰관서 등의 장으로부터 무기 · 탄약 관리업무를 위임받아 무기고, 탄약고 및 간이무기고에 보관된 무기 · 탄약을 총괄하여 관리 감독하는 사람을 말한다.

④ 공용화기: 해양경찰관서 등 경찰공무원(이하 '경찰관'이라 한다) 개인이 휴대하며 운용할 수 있는 무기를 말한다.

해설
지문의 내용은 개인화기에 대한 설명이다. '공용화기'란 경비함정 등에서 공동 임무를 수행하기 위하여 사용하는 무기를 말한다(무기 · 탄약류 등 관리 규칙 제2조 제3호, 제4호).

제6절 l 보안관리

24 다음 중 보안업무규정 시행규칙상 비밀의 보관에 관한 내용으로 가장 옳지 않은 것은? 21. 해경

① 비밀은 일반문서나 암호자재와 혼합하여 보관하여서는 아니 되며, 비밀의 보관용기 외부에는 비밀의 보관을 알리거나 나타내는 어떠한 표시도 해서는 아니 된다.

② 보관용기에 넣을 수 없는 비밀은 제한구역 또는 통제구역에 보관하는 등 그 내용이 노출되지 아니하도록 특별한 보호대책을 마련하여야 한다.

③ Ⅰ급비밀은 반드시 금고에 보관하여야 하며, 다른 비밀과 혼합하여 보관하는 경우 구별이 쉽도록 분리하여 보관한다.

④ Ⅱ급비밀 및 Ⅲ급비밀은 금고 또는 이중 철제캐비닛 등 잠금장치가 있는 안전한 용기에 보관하여야 하며, 보관책임자가 Ⅱ급비밀 취급 인가를 받은 때에는 Ⅱ급비밀과 Ⅲ급비밀을 같은 용기에 혼합하여 보관할 수 있다.

해설
Ⅰ급비밀은 반드시 금고에 보관하여야 하며, 다른 비밀과 혼합하여 보관하여서는 아니 된다(보안업무규정 시행규칙 제33조 제1항).

제7절 | 해양경찰홍보

25 다음 중 언론중재 및 피해구제 등에 관한 법률에 따른 언론보도의 조정신청에 대한 설명으로 가장 옳지 않은
□□□ 것은?
20. 해경승진

① 피해자는 언론보도 등에 의한 피해의 배상에 대하여 기간 이내에 중재위원회에 조정을 신청할 수 있다. 이 경우 피해자는 손해배상액을 명시하여야 한다.

② 피해자가 먼저 언론사 등에 정정보도청구 등을 한 경우에는 피해자와 언론사 등 사이에 협의가 불성립된 날부터 10일 이내에 하여야 한다.

③ 담당직원은 신청인의 조정신청 내용을 적은 조정신청조서를 작성하여 신청인에게 이를 확인하게 한 다음, 그 조정 신청조서에 신청인 및 담당직원이 서명 또는 날인하여야 한다.

④ 조정절차 계속 중에 정정보도청구 등과 손해배상청구 상호간의 변경을 포함하여 신청취지를 변경할 수 있고, 이들 을 병합하여 청구할 수 있다.

해설
정정보도청구 등과 손해배상의 조정신청은 제14조 제1항(제16조 제3항에 따라 준용되는 경우를 포함한다) 또는 제17조 제1항의 기간 이내에 서면 또는 구술이나 그 밖에 대통령령으로 정하는 바에 따라 전자문서 등으로 하여야 하며, 피해자가 먼저 언론사 등에 정정보도 청구 등을 한 경우에는 피해자와 언론사 등 사이에 협의가 불성립된 날부터 <u>14일 이내</u>에 하여야 한다(언론중재 및 피해구제 등에 관한 법률 제18조 제3항).

26 다음 중 언론중재 및 피해구제 등에 관한 법률상 언론중재위원회의 설치에 따른 중재위원의 자격요건 제한사유로
□□□ 가장 옳지 않은 것은?
20. 해경승진

① 법관의 자격이 있는 사람과 교육공무원

② 정당법에 따른 정당의 당원

③ 공직선거법에 따라 실시되는 선거에 후보자로 등록한 사람

④ 언론사의 대표자와 그 임직원

해설
국가공무원법 제2조 및 지방공무원법 제2조에 따른 공무원(법관의 자격이 있는 사람과 교육공무원은 제외한다)은 중재위원이 될 수 없다 (언론중재 및 피해구제 등에 관한 법률 제8조 제2항 제1호).

27 다음 중 언론중재 및 피해구제 등에 관한 법률에 따라 언론중재위원회가 시정권고를 요구하는 서면에 포함시켜야 할 내용으로 가장 옳지 않은 것은?

20. 해경승진

① 시정권고의 대상이 되는 언론사 명칭

② 시정권고의 이유

③ 시정권고의 대상이 되는 언론보도의 프로그램·제목, 보도일시 및 지면(신문, 잡지 등 정기간행물의 경우만 해당한다.)

④ 언론사의 편집인 이름

해설

시정권고를 요구하는 서면에는 시정권고의 대상이 되는 언론사의 명칭 및 언론사의 대표자 이름, 시정권고의 대상이 되는 언론보도의 프로그램명·제목, 보도일시 및 지면(신문, 잡지 등 정기간행물의 경우만 해당한다), 시정권고의 이유가 포함되어야 한다(언론중재 및 피해구제 등에 관한 법률 시행령 제16조).

28 다음 중 언론중재 및 피해구제 등에 관한 법률상 사실적 주장에 관한 언론보도 등이 진실하지 아니함으로 인하여 피해를 입은 자가 그 내용에 관한 정정보도를 청구할 수 있는 기간으로 가장 적절한 것은?

21. 해경간부

① 언론보도 등이 있음을 안 날부터 10일 이내, 언론보도 등이 있은 후 1개월 이내

② 언론보도 등이 있음을 안 날부터 1개월 이내, 언론보도 등이 있은 후 2개월 이내

③ 언론보도 등이 있음을 안 날부터 2개월 이내, 언론보도 등이 있은 후 4개월 이내

④ 언론보도 등이 있음을 안 날부터 3개월 이내, 언론보도 등이 있은 후 6개월 이내

해설

사실적 주장에 관한 언론보도 등이 진실하지 아니함으로 인하여 피해를 입은 자(이하 '피해자'라 한다)는 해당 언론보도 등이 있음을 안 날부터 3개월 이내에 언론사, 인터넷뉴스서비스사업자 및 인터넷 멀티미디어 방송사업자(이하 '언론사 등'이라 한다)에게 그 언론보도 등의 내용에 관한 정정보도를 청구할 수 있다. 다만, 해당 언론보도 등이 있은 후 6개월이 지났을 때에는 그러하지 아니하다(언론중재 및 피해구제 등에 관한 법률 제14조 제1항).

01 다음 중 경찰통제의 필요성이라고 볼 수 없는 것은?　　　　　　　　　　　　　　　　18. 해경

□□□

① 경찰의 민주적인 운영

② 경찰의 정치적 중립성 보장

③ 법치주의의 확립

④ 경찰활동의 능률성 도모

해설

경찰통제의 목적은 경찰조직의 민주성 확보, 정치적 중립보장, 법치주의의 확립 및 국민의 기본권 보장 등이다. 그러나 능률성·효과성·경제성의 확보는 경찰통제와 관련이 없다.

02 다음의 경찰통제의 유형 중 그 성격이 가장 다른 것은?　　　　　　　　　　　　　　19. 해경

□□□

① 국회의 국정조사·감사권

② 행정심판

③ 행정절차법상 입법예고제

④ 행정소송

해설

경찰통제 유형 중 ③은 사전통제 수단, ①②④는 사후통제 수단에 해당한다.

03 해양경찰의 민주적 운영, 정치적 중립성 확보, 국민의 인권보호 측면에서 경찰통제는 중요한 의미를 가진다. 다음의 경찰통제에 대한 설명 중 가장 옳지 않은 것은?　　　　　　　　　　　　　　　　20. 해경간부

□□□

① 행정절차법에는 사전 통제의 수단으로 청문, 행정예고 등을 규정하고 있다.

② 감사, 행정심판 등은 경찰통제 중 사후 통제에 해당한다.

③ 국회에 의한 예산의 심의·결산·국정감사 등은 외부적 통제에 해당한다.

④ 현재 우리나라에서 국민이 직접 감사를 청구할 수 있는 제도는 도입되어 있지 않다.

해설

19세 이상의 국민은 공공기관의 사무처리가 법령위반 또는 부패행위로 인하여 공익을 현저히 해하는 경우 대통령령으로 정하는 일정한 수 이상의 국민의 연서로 감사원에 감사를 청구할 수 있다(부패방지 및 국민권익위원회의 설치와 운영에 관한 법률 제72조 제1항).

04 행정통제 중 외부통제로 가장 옳지 않은 것은?

① 공무원으로서 직업윤리
② 사법부에 의한 통제
③ 감사원에 의한 통제
④ 입법부에 의한 통제

해설

지문의 내용은 내부통제에 해당한다.

05 다음 중 정보공개 여부의 결정과 통지내용에 대한 설명으로 옳지 않는 것은 몇 개인가?

⊙ 공공기관은 정보의 공개를 결정한 경우에는 공개의 일시 및 장소 등을 분명히 밝혀 청구인에게 통지하여야 한다.
ⓒ 공공기관은 정보공개의 청구를 받으면 그 청구를 받은 날부터 7일 이내에 공개 여부를 결정하여야 한다.
ⓒ 공공기관은 부득이한 사유로 기간 이내에 공개 여부를 결정할 수 없을 때에는 그 기간이 끝나는 날의 다음 날부터 기산하여 7일의 범위에서 공개 여부 결정기간을 연장할 수 있다.
ⓔ 공공기관은 정보의 비공개 결정을 한 경우에는 비공개의 이유와 불복방법 및 절차를 구체적으로 밝혀 지체 없이 공문으로 통지하여야 한다.

① 1개   ② 2개
③ 3개   ④ 4개

해설

지문의 내용 중 옳지 않은 것은 ⓒⓒ이다.
ⓒ 공공기관은 법 제10조에 따라 정보공개의 청구를 받으면 그 청구를 받은 날부터 <u>10일 이내</u>에 공개 여부를 결정하여야 한다(공공기관의 정보공개에 관한 법률 제11조 제1항).
ⓒ 공공기관은 부득이한 사유로 제1항에 따른 기간 이내에 공개 여부를 결정할 수 없을 때에는 그 기간이 끝나는 날의 다음 날부터 기산(起算)하여 <u>10일의 범위</u>에서 공개 여부 결정기간을 연장할 수 있다(공공기관의 정보공개에 관한 법률 제11조 제2항).

06 다음 중 공공기관의 정보공개에 관한 법률에 대한 설명으로 가장 옳지 않은 것은? 21. 해경

① 모든 국민은 정보의 공개를 청구할 권리를 가지며, 외국인의 정보공개 청구에 관하여는 대통령령으로 정한다.

② 공공기관이 보유·관리하는 정보는 비공개 대상정보가 아닌 한, 국민의 알권리 보장 등을 위하여 이 법에서 정하는 바에 따라 공개할 수 있다.

③ 청구인이 정보공개와 관련한 공공기관의 비공개 결정 및 부분 공개 결정에 대하여 불복이 있거나 정보공개 청구 후 20일이 경과하도록 정보공개 결정이 없는 때에는 공공기관으로부터 정보공개 여부의 결정 통지를 받은 날 또는 정보공개 청구 후 20일이 경과한 날부터 30일 이내에 해당 공공기관에 문서로 이의신청을 할 수 있다.

④ 정보의 공개 및 우송 등에 드는 비용은 실비의 범위에서 청구인이 부담한다.

해설
공공기관이 보유·관리하는 정보는 국민의 알권리 보장 등을 위하여 이 법에서 정하는 바에 따라 적극적으로 공개하여야 한다(공공기관의 정보공개에 관한 법률 제3조).

07 다음 중 공공기관의 정보공개에 관한 법률상 정보공개제도에 대한 설명으로 가장 옳지 않은 것은? 21. 해경간부

① 모든 국민은 정보의 공개를 청구할 권리를 가진다.

② 공공기관은 정보공개의 청구를 받으면 그 청구를 받은 날부터 10일 이내에 공개 여부를 결정하여야 한다.

③ 공공기관은 부득이한 사유로 기간 이내에 공개 여부를 결정할 수 없을 때에는 그 기간이 끝나는 날부터 기산하여 10일의 범위에서 공개 여부 결정기간을 연장할 수 있다.

④ 청구인이 공공기관의 비공개 결정에 대하여 불복이 있는 때에는 공공기관으로부터 정보공개 여부의 결정 통지를 받은 날부터 30일 이내에 해당 공공기관에 문서로 이의신청을 할 수 있다.

해설
공공기관은 부득이한 사유로 제1항에 따른 기간 이내에 공개 여부를 결정할 수 없을 때에는 그 기간이 끝나는 날의 <u>다음 날</u>부터 기산(起算)하여 10일의 범위에서 공개 여부 결정기간을 연장할 수 있다(공공기관의 정보공개에 관한 법률 제11조 제2항).

police.Hackers.com

제2편

각론

제1절 | 경비세력 운용

01 함정 운영관리 규칙상 훈련에 대한 설명이다. 올바르게 짝지어진 것은?

19. 해경

□□□

> • (㉠)은 지방해양경찰청 훈련단 및 해양경찰서에서 신조함정에 대하여 장비 운용 및 함정 안전운항 능력확보
> 와 해상치안 임무수행 능력향상을 위하여 실시하는 훈련을 말한다.
> • (㉡)은 함정 승무원의 기본임무 수행에 필요한 지식 및 기술의 습득과 행동요령의 숙달을 위하여 함정별 자체
> 계획에 따라 실시하는 훈련을 말한다.

	㉠		㉡
①	신조훈련	–	함정기본훈련
②	신조훈련	–	함정자체훈련
③	취역훈련	–	함정기본훈련
④	취역훈련	–	함정자체훈련

해설
㉠은 취역훈련, ㉡은 함정자체훈련에 대한 설명이다(함정 운영관리 규칙 제23조).

02 다음 중 함정 운영관리 규칙에 대한 내용으로 가장 옳지 않은 것은?

21. 해경간부

□□□

① '복수승조원제'란 경비함정 출동률을 향상시키기 위해 2개 팀 이상의 승조원이 1척 이상의 함정에서 교대근무를
실시하는 인력 중심의 제도를 말한다.
② 함정은 해양경찰청장, 지방해양경찰청장, 해양경찰서장, 서해5도 특별경비단장이 지휘한다.
③ 잠수지원함은 해상 수색구조 및 잠수 지원업무를 수행하는 함정을 말한다.
④ 지방해양경찰청 소속 해양경찰관서간 대형함정을 이동배치하는 경우 지방해양경찰청장의 편제명령에 따른다.

해설
신조 또는 편입된 함정의 배치와 운용 중인 함정의 지방해양경찰청간 이동배치는 해경청장의 편제명령에 따르고, 지방해양경찰청 소속
해양경찰관서간 이동배치(대형함정 제외)는 지방청장의 편제명령에 따른다(함정 운영관리 규칙 제13조 제1항).

제2절 ㅣ 해양재난경비

03 다음 중 재난 및 안전관리 기본법에 대한 내용으로 가장 옳지 않은 것은?
21. 해경간부
□□□

① '안전관리'란 재난이나 그 밖의 각종 사고로부터 사람의 생명·신체 및 재산의 안전을 확보하기 위하여 하는 모든 활동을 말한다.

② '긴급구조'란 재난이 발생할 우려가 현저하거나 재난이 발생하였을 때에 국민의 생명·신체 및 재산을 보호하기 위하여 긴급구조기관과 긴급구조지원기관이 하는 인명구조, 응급처치, 그 밖에 필요한 모든 긴급한 조치를 말한다.

③ '긴급구조기관'이란 경찰청·지방경찰청 및 경찰서를 말한다. 다만, 해양에서 발생한 재난의 경우에는 해양경찰청·지방해양경찰청 및 해양경찰서를 말한다.

④ 해상에서 발생한 선박이나 항공기 등의 조난사고의 긴급구조활동에 관하여는 수상에서의 수색·구조 등에 관한 법률 등 관계 법령에 따른다.

해설
'긴급구조기관'이란 소방청·소방본부 및 소방서를 말한다. 다만, 해양에서 발생한 재난의 경우에는 해양경찰청·지방해양경찰청 및 해양경찰서를 말한다(재난 및 안전관리 기본법 제3조 제7호). 경찰청은 긴급구조지원기관에 해당한다(재난 및 안전관리 기본법 시행령 제4조 제1호).

04 재난 및 안전관리 기본법 및 같은 법 시행령에 따라 해양경찰청이 재난관리주관기관으로 지정된 재난 및 사고유형으로 가장 적절한 것은?
18. 해경
□□□

① 해양에서 발생한 유·도선 등 수난 사고

② 해양 분야 환경오염 사고

③ 해양 선박 사고

④ 해외에서 발생한 해양 선박 사고

해설
지문의 내용 중 해양경찰청이 재난관리주관기관인 재난 및 사고는 '해양에서 발생한 유도선 등의 수난 사고'이다(재난 및 안전관리 기본법 시행령 [별표 1의3]).

☑ 재난 및 안전관리 기본법 시행령 [별표 1의3] <개정 2021. 1. 5.>

재난 및 사고유형별 재난관리주관기관(제3조의2 관련)

재난관리주관기관	재난 및 사고의 유형
외교부	해외에서 발생한 재난
해양수산부	1. 조류 대발생(적조에 한정한다) 2. 조수(潮水) 3. 해양 분야 환경오염 사고 4. 해양 선박 사고
해양경찰청	해양에서 발생한 유도선 등의 수난 사고

05 재난 및 안전관리 기본법 시행령상 해양경찰청이 재난관리주관기관으로 지정되어 있는 재난 또는 사고를 모두 고르시오. 20. 해경간부

> ㉠ 내륙에서 발생한 유도선 등의 수난 사고
> ㉡ 해양에서 발생한 유도선 등의 수난 사고
> ㉢ 해양 선박 사고
> ㉣ 해양분야 환경오염 사고

① ㉡

② ㉠, ㉡

③ ㉡, ㉢

④ ㉡, ㉢, ㉣

해설
지문의 내용 중 해양경찰청이 재난관리주관기관인 재난 및 사고는 ㉡ 해양에서 발생한 유도선 등의 수난 사고이다(재난 및 안전관리 기본법 시행령 [별표 1의3]). ㉠은 행정안전부, ㉢㉣은 해양수산부가 재난관리주관기관이다.

06 다음 중 재난 및 안전관리 기본법(시행령·시행규칙 포함)에 관한 내용으로 가장 옳지 않은 것은? 21. 해경

① 해양에서 발생한 재난의 '긴급구조기관'이란 해양경찰청·지방해양경찰청 및 해양경찰서를 말한다.
② 재난이란 국민의 생명·신체·재산과 국가에 피해를 주거나 줄 수 있는 것으로서 자연재난, 사회재난, 인적재난으로 구분된다.
③ 사회재난이란 화재·붕괴·폭발·교통사고(항공사고 및 해상사고를 포함한다)·화생방사고·환경오염사고 등으로 인하여 발생하는 대통령령으로 정하는 규모 이상의 피해와 미세먼지 저감 및 관리에 관한 특별법에 따른 미세먼지 등으로 인한 피해를 말한다.
④ 재난 및 안전관리 기본법 및 같은 법 시행령에 따르면, 해양경찰청이 재난관리주관기관으로 지정된 재난 및 사고유형은 '해양에서 발생한 유·도선 등의 수난 사고'이며, '해양 선박 사고'는 해양수산부가 재난관리주관기관이 된다.

해설
재난 및 안전관리 기본법상 재난은 자연재난과 사회재난으로 구분한다(재난 및 안전관리 기본법 제3조 제1호).

제3절 | 대테러업무

07 국민보호와 공공안전을 위한 테러방지법상 '대테러특공대'를 설치·운영하는 기관을 모두 고르시오. 19. 해경

㉠ 국방부	㉡ 해양경찰청
㉢ 경찰청	㉣ 국가정보원

① ㉠, ㉡, ㉢
② ㉠, ㉢, ㉣
③ ㉡, ㉢, ㉣
④ ㉠, ㉡, ㉢, ㉣

해설

지문의 내용 중 대테러특공대를 설치·운영하는 기관은 ㉠㉡㉢이다. 국민보호와 공공안전을 위한 테러방지법 시행령 제18조 제1항은 국방부장관, 경찰청장 및 해양경찰청장은 테러사건에 신속히 대응하기 위하여 대테러특공대를 설치·운영한다고 규정하고 있다.

08 다음 중 국민보호와 공공안전을 위한 테러방지법에 따른 대테러활동에 관한 정책의 중요사항을 심의·의결하기 위한 '국가테러대책위원회'의 위원장 및 위원으로 가장 옳은 것은? 20. 해경승진

① 위원장: 대통령 / 위원: 국무총리 및 관계기관의 장 중 대통령령으로 정하는 사람
② 위원장: 국무총리 / 위원: 국무총리 및 관계기관의 장 중 대통령령으로 정하는 사람
③ 위원장: 국정원장 / 위원: 국무총리 및 관계기관의 장 중 대통령령으로 정하는 사람
④ 위원장: 대통령 / 위원: 관계기관의 장 중 총리령으로 정하는 사람

해설

대책위원회는 국무총리 및 관계기관의 장 중 대통령령으로 정하는 사람으로 구성하고 위원장은 국무총리로 한다(국민보호와 공공안전을 위한 테러방지법 제5조 제2항).

09 다음 중 국가대테러활동 세부운영 규칙에 명시된 해양테러 위기대응의 위기경보에 대한 설명으로 가장 옳지 않은
□□□ 것은?

18. 해경

① 관심은 선박 및 해상을 통한 항만, 임해중요시설 테러 관련 미확인 첩보를 입수한 때를 말한다.
② 주의는 해상을 통한 테러이용물질의 국내 반입 기도 첩보를 입수한 때를 말한다.
③ 경계는 해상테러 관련 첩보를 입수한 때를 말한다.
④ 심각은 테러 발생 가능성이 높은 테러위협의 발생, 국제행사에 대한 테러위협 및 테러첩보 등의 동향을 입수한
때를 말한다.

해설
지문의 내용은 경계에 대한 설명이다.

등급	발령기준	조치사항
관심	실제 테러발생 가능성이 낮은 상태 - 우리나라 대상 테러첩보 입수 - 국제테러 빈발 - 동맹·우호국 대형테러 발생 - 해외 국제경기·행사 이국인 다수 참가	테러징후 감시활동 강화 - 관계기관 비상연락체계 유지 - 테러대상시설 등 대테러 점검 - 테러위험인물 감시 강화 - 공항·항만 보안 검색율 10% 상향
주의	실제 테러로 발전할 수 있는 상태 - 우리나라 대상 테러첩보 구체화 - 국제테러조직·연계자 잠입기도 - 재외국민·공관 대상 테러징후 포착 - 국가중요행사 개최 D-7	관계기관 협조체계 가동 - 관계기관별 자체 대비태세 점검 - 지역 등 테러대책협의회 개최 - 공항·항만 보안 검색율 15% 상향 - 국가중요행사 안전점검
경계	테러발생 가능성이 농후한 상태 - 테러조직이 우리나라 직접 지목·위협 - 국제테러조직·분자 잠입활동 포착 - 대규모 테러이용수단 적발 - 국가중요행사 개최 D-3	대테러 실전대응 준비 - 관계기관별 대테러상황실 가동 - 테러이용수단의 유통 통제 - 테러사건대책본부 등 가동 준비 - 공항·항만 보안 검색율 20% 상향
심각	테러사건 발생이 확실시되는 상태 - 우리나라 대상 명백한 테러첩보 입수 - 테러이용수단 도난·강탈 사건 발생 - 국내에서 테러기도 및 사건 발생 - 국가중요행사 대상 테러첩보 입수	테러상황에 총력 대응 - 테러사건대책본부 등 설치 - 테러대응 인력·장비 현장 배치 - 테러대상시설 잠정 폐쇄 - 테러이용수단 유통 일시중지

10
☐☐☐
다음은 통합방위법상 통합방위작전에 대한 설명이다. 괄호 안에 들어갈 작전지휘관으로 가장 옳지 않은 것은?

20. 경찰, 21. 경찰간부

> '통합방위작전'이란 통합방위사태가 선포된 지역에서 제15조에 따라 (㉠), (㉡), (㉢) 또는 (㉣)이 국가방위요소를 통합하여 지휘·통제하는 방위작전을 말한다.

① ㉠ 통합방위본부장
② ㉡ 지역군사령관
③ ㉢ 지방해양경찰청장
④ ㉣ 시·도경찰청장

해설

'통합방위작전'이란 통합방위사태가 선포된 지역에서 제15조에 따라 <u>통합방위본부장, 지역군사령관, 함대사령관 또는 시·도경찰청장</u>(이하 '작전지휘관'이라 한다)이 국가방위요소를 통합하여 지휘·통제하는 방위작전을 말한다(통합방위법 제2조 제4호).

11
☐☐☐
다음 중 통합방위법에 따른 대피명령의 방법으로 가장 옳지 않은 것은?

20. 해경승진

① 중앙 또는 지방의 일간신문에의 게재
② 사회 관계망 서비스에 게시
③ 타종, 경적 또는 신호기의 게양
④ 비상연락망을 통한 구두전달

해설

중앙 및 지방의 일간신문에의 게재의 방법으로 공고하여야 한다(통합방위법 시행령 제28조 제2호).

☑ **대피명령의 공고**

> 통합방위법 시행령
> 제28조【대피명령의 방법】 법 제17조 제2항에서 '대통령령으로 정하는 방법'이란 다음 각 호의 방법을 말한다.
> 1. 텔레비전·라디오 또는 유선방송 등의 방송
> 2. 중앙 및 지방의 일간신문에의 게재
> 3. 해당 지방자치단체의 인터넷 홈페이지에 게시
> 4. 정보통신망 이용촉진 및 정보보호 등에 관한 법률 제2조 제1항 제3호에 따른 정보통신서비스 제공자의 인터넷 홈페이지에 게시
> 5. 사회 관계망 서비스(Social Network Service)에 게시
> 6. 전단 살포
> 7. 비상연락망을 통한 구두전달
> 8. 타종(打鐘), 경적(警笛) 또는 신호기(信號旗)의 게양
> 9. 휴대전화 긴급 문자메시지

제5절 | 해양경찰청 비상소집 및 근무규칙

12 다음 중 해양경찰 비상소집 및 근무규칙에 관한 설명으로 가장 옳은 것은?　　　20. 해경승진

> 비상상황이 발생하거나 발생할 우려가 있어 현행 근무인력으로 상황조치가 어려운 경우 소속 공무원을 해당 소집장소로 집결하게 하는 것을 말한다.

① 비상근무　　　　　　　　　　② 비상상황
③ 비상소집　　　　　　　　　　④ 비상대기

해설
지문의 내용은 비상소집에 대한 설명이다(해양경찰청 비상소집 및 근무규칙 제2조 제2호).

13 다음은 해양경찰 비상소집 및 근무규칙에 관한 설명이다. 옳지 않은 것은 모두 몇 개인가?　　　20. 해경승진

> ㉠ '비상소집'이라 함은 비상상황이 발생하거나 발생할 우려가 있어 현행 근무인력으로 상황조치가 어려운 경우 소속 공무원을 해당 소집장소로 집결하게 하는 것을 말한다.
> ㉡ '필수요원'이라 함은 비상발령권자가 지정한 자로 비상소집시 1시간 이내에 응소 가능한 공무원을 말한다.
> ㉢ '비상근무'라 함은 중요상황이 발생하거나 발생할 우려가 있어 다수의 경력을 동원할 필요가 있는 때를 말한다.
> ㉣ '가용인력'이라 함은 출장·병가·연가·휴직·파견·교육 중인 인원과 가용경비세력 운용인력을 포함하고 실제 동원될 수 있는 인원을 말한다.

① 1개　　　　　　　　　　　　② 2개
③ 3개　　　　　　　　　　　　④ 4개

해설
지문의 내용 중 옳지 않은 것은 ㉢㉣이다.
㉢ 지문의 내용은 비상상황에 대한 설명이다. '비상근무'라 함은 비상상황하에서 업무수행의 계속성을 유지하는 것을 말한다(해양경찰청 비상소집 및 근무규칙 제2조 제1호, 제3호).
㉣ '가용인력'이라 함은 출장·휴직·휴가·파견·교육 중(이하 사고)인 인원과 가용경비세력 운용인력을 <u>제외하고</u> 실제 동원될 수 있는 인원을 말한다(해양경찰청 비상소집 및 근무규칙 제2조 제8호).

14 다음은 해양경찰 비상소집 및 근무규칙에 따른 비상소집시 일반요원은 (　A　) 이내 필수요원은 (　B　) 이내 응소하여야 한다. 괄호 안에 들어갈 내용으로 가장 옳은 것은?　　　20. 해경승진

① A: 1시간,　　B: 2시간
② A: 2시간,　　B: 1시간
③ A: 3시간,　　B: 2시간
④ A: 2시간,　　B: 3시간

해설
A는 2시간, B는 1시간이다(해양경찰청 비상소집 및 근무규칙 제2조 제10호, 제11호).

15 해양경찰 비상소집 및 근무규칙상 '비상근무 등급'의 인력동원에 대한 설명으로 가장 옳지 않은 것은? 19. 해경
□□□

① 갑호비상: 가용인력의 100%까지 동원할 수 있다.

② 을호비상: 가용인력의 50%까지 동원할 수 있다.

③ 병호비상: 가용인력의 25%까지 동원할 수 있다.

④ 해상경계강화: 별도의 경력 동원 없이 비상대기 태세를 유지하되 필요에 따라 적정 수준의 가용인력을 동원할 수 있다.

해설

병호비상이 발령된 경우 가용인력의 30%까지 동원할 수 있다(해양경찰 비상소집 및 근무규칙 제6조 제1항).

16 다음은 해양경찰 비상소집 및 근무규칙상 '비상근무 등급'별 인력동원에 대한 설명이다. 괄호 안에 들어갈 숫자로 가장 옳은 것은?
□□□
20. 해경승진

ⓐ 갑호비상: 가용인력의 (A)%까지 동원할 수 있다.
ⓑ 을호비상: 가용인력의 (B)%까지 동원할 수 있다.
ⓒ 병호비상: 가용인력의 (C)%까지 동원할 수 있다.

	A	B	C
①	100	80	30
②	100	80	50
③	100	50	50
④	100	50	30

해설

갑호비상은 가용인력의 100%까지, 을호비상은 가용인력의 50%까지, 병호비상은 가용인력의 30%까지 동원할 수 있다(해양경찰청 비상소집 및 근무규칙 제6조 제1항).

17 다음은 해양경찰 비상소집 및 근무규칙상 교육훈련에 관한 설명이다. 괄호 안에 들어갈 내용으로 가장 옳은 것은?

20. 해경승진

> ㉠ 비상근무발령권자는 (A) 이상 불시 비상소집훈련을 실시한다.
> ㉡ 비상근무발령권자는 전화 확인 방식으로 (B) 이상 불시 비상소집 전화훈련을 실시할 수 있으며, 비상소집 전화응소는 (C) 내 응소함을 원칙으로 하고, (D) 이후 응소자는 미응소로 한다.

	A	B	C	D
①	연 1회	반기 1회	30분	30분
②	연 1회	분기 1회	30분	30분
③	연 1회	분기 1회	60분	60분
④	연 1회	반기 1회	60분	60분

해설

A는 연 1회, B는 반기 1회, C는 30분, D는 30분이다.
㉠ 비상근무발령권자는 연 1회 이상 불시 비상소집훈련을 실시한다(해양경찰청 비상소집 및 근무규칙 제15조 제2항).
㉡ 비상근무발령권자는 전화 확인 방식으로 반기 1회 이상 불시 비상소집 전화훈련을 실시할 수 있으며, 비상소집 전화응소는 30분 내 응소함을 원칙으로 하고, 30분 이후 응소자는 미응소로 한다(해양경찰청 비상소집 및 근무규칙 제15조 제3항).

18 다음 중 해양경찰 비상소집 및 근무규칙에 대한 설명으로 가장 옳지 않은 것은?

20. 해경

① '가용인력'은 출장·휴직·휴가·파견·교육 중인 인원과 가용경비세력 운용인력을 제외하고 실제 동원될 수 있는 인원을 말한다.
② 비상근무의 종류에는 경비비상, 구조비상, 정보수사비상 등이 있다.
③ 비상소집시 필수요원은 1시간 이내, 일반요원은 2시간 이내 응소함을 원칙으로 한다.
④ 비상근무발령권자는 전화 확인 방식으로 반기 1회 이상 불시 비상소집 전화훈련을 실시할 수 있으며, 비상소집 전화응소는 1시간 내 응소함을 원칙으로 한다.

해설

비상근무발령권자는 전화 확인 방식으로 반기 1회 이상 불시 비상소집 전화훈련을 실시할 수 있으며, 비상소집 전화응소는 30분 내 응소함을 원칙으로 하고, 30분 이후 응소자는 미응소로 한다(해양경찰청 비상소집 및 근무규칙 제15조 제3항).

19 다음 중 해양경찰청 비상소집 및 근무규칙에 따른 비상근무 등급별 연가에 관한 설명으로 가장 옳지 않은 것은?

20. 해경

① 갑호비상: 연가 중지

② 을호비상: 연가 중지

③ 병호비상: 부득이한 경우를 제외하고 연가 억제

④ 해상경계강화: 제한 규정 없음

해설

갑호비상 근무시 연가를 중지하고, 을호 및 병호 비상시 부득이한 경우를 제외하고 연가를 억제한다(해양경찰청 비상소집 및 근무규칙 제6조 제6항).

제1절 | 수색 · 구조

01 수상에서의 수색 · 구조 등에 관한 법률

01 다음 중 수상에서의 수색 · 구조 등에 관한 법률상 용어의 정의에 대한 내용으로 가장 옳지 않은 것은?

21. 해경간부

① '수난구호'란 수상에서 조난된 사람 및 선박, 항공기, 수상레저기구 등의 수색 · 구조 · 구난과 구조된 사람 · 선박 등 및 물건의 보호 · 관리 · 사후처리에 관한 업무를 말한다.

② '수난구호협력기관'이란 수난구호를 위하여 협력하는 중앙행정기관 · 지방자치단체, 재난 및 안전관리 기본법 제3조 제8호에 따른 긴급구조지원기관, 대통령령으로 정하는 공공단체를 말한다.

③ '구조'란 조난을 당한 사람을 구출하여 응급조치 또는 그 밖의 필요한 것을 제공하고 안전한 장소로 인도하기 위한 활동을 말한다.

④ '민간해양구조대원'이란 연안사고 예방을 위한 순찰 · 지도업무를 보조하기 위해 연안해역의 특성을 잘 아는 지역 주민들 중 해양경찰청장이 위촉한 사람을 말한다.

해설

지문의 내용은 연안사고 예방에 관한 법률상 연안안전지킴이에 대한 내용이다(연안사고 예방에 관한 법률 제17조 제1항). '민간해양구조대원'이란 지역해역에 정통한 주민 등 해양경찰관서에 등록되어 해양경찰의 해상구조활동을 보조하는 사람을 말한다(수상에서의 수색 · 구조 등에 관한 법률 제2조 제11호).

02 다음 중 조난사고에 대한 수색구조절차를 가장 옳게 나열한 것은?

18. 해경

① 인지 → 초동조치 → 수색 → 구조 → 사후조치

② 인지 → 초동조치 → 수색 → 사후조치 → 구조

③ 인지 → 수색 → 초동조치 → 구조 → 사후조치

④ 인지 → 수색 → 초동조치 → 사후조치 → 구조

해설

수색구조 대응기본절차는 일반적으로 사고인지 → 초동조치 → 수색 → 구조 → 사후조치로 단계적으로 진행된다.

03 다음은 수상에서의 수색·구조 등에 관한 법률에 대한 설명이다. 바르게 짝지어진 것은? 19. 해경

> ㉠ 위치통보 　　　　　　　　　　　 ㉡ 최종통보
> ㉢ 변경통보 　　　　　　　　　　　 ㉣ 항해계획통보

> (a) 선박이 예정위치에서 25해리 이상 벗어난 경우
> (b) 선박이 항구 또는 포구를 출항하기 직전 또는 직후의 경우
> (c) 항해계획통보 후 약 12시간마다
> (d) 목적지에 도착하기 직전이나 도착한 때

① ㉠ - (c)　　　　　　　　　　② ㉡ - (a)

③ ㉢ - (d)　　　　　　　　　　④ ㉣ - (d)

해설
㉠은 (c), ㉡은 (d), ㉢은 (a), ㉣은 (b)에 대한 설명이다(수상에서의 수색·구조 등에 관한 법률 제33조).

04 수상에서의 수색·구조 등에 관한 법률상 수난대비기본훈련에 관한 내용으로 가장 옳지 않은 것은? 19. 해경

① 해양경찰청장은 수난대비기본훈련의 실시결과를 해양수산부장관에게 보고하여야 한다.

② 중앙구조본부는 수상에서 자연적·인위적 원인으로 발생하는 조난사고로부터 사람의 생명과 신체 및 재산을 보호하기 위하여 수난구호협력기관 및 수난구호민간단체 등과 공동으로 매년 수난대비기본훈련을 실시하여야 한다.

③ 중앙구조본부의 장은 필요한 경우 훈련참여기관이 아닌 선박소유자에게 선박 및 선원 등에 대해 수난대비기본훈련에 참여를 요청할 수 있다.

④ 중앙구조본부의 장은 수난대비기본훈련을 효율적으로 실시하기 위해 수난대비기본훈련계획을 수립하고 수난구호협력기관 및 수난구호민간단체 등의 장에게 통보할 수 있다.

해설
해양경찰청장은 수난대비기본훈련의 실시결과를 매년 국회 소관상임위원회에 보고하여야 한다(수상에서의 수색·구조 등에 관한 법률 제5조의2 제2항).

05 다음 중 수상에서의 수색·구조 등에 관한 법률상 해상구조활동을 종료 또는 중지시킬 수 있는 사유로 가장 옳은 것은?

20. 해경승진

① 현장지휘관이 지시하는 경우

② 생존자를 구조할 모든 가능성이 사라지는 등 더 이상 수색활동을 계속할 필요가 없다고 인정되는 경우

③ 수색활동을 완료한 경우

④ 구조활동을 완료한 경우

해설

구조본부의 장은 구조활동을 완료한 경우 또는 생존자를 구조할 모든 가능성이 사라지는 등 더 이상 구조활동을 계속할 필요가 없다고 인정되는 경우에는 구조활동을 종료 또는 중지할 수 있다(수상에서의 수색·구조 등에 관한 법률 제24조).

06 다음 중 수상에서의 수색·구조 등에 관한 법률상 수난대비에 대한 설명으로 옳은 것은 모두 몇 개인가?

20. 해경

> ㉠ 해양경찰청장은 수난대비기본계획을 집행하기 위하여 수난대비집행계획을 5년 단위로 수립·시행하여야 한다.
> ㉡ 수난구호활동의 역할조정과 지휘·통제 및 수난현장에서의 지휘·통제를 위하여 지방해양경찰청에 지역구조본부를 둔다.
> ㉢ 중앙구조본부는 수상에서 자연적·인위적 원인으로 발생하는 조난사고로부터 사람의 생명과 신체 및 재산을 보호하기 위하여 수난구호협력기관 및 수난구호민간단체 등과 공동으로 매년 수난대비기본훈련을 실시하여야 한다.
> ㉣ 해양경찰청장은 수난대비기본훈련의 실시결과를 매년 국회 소관상임위원회에 보고하여야 한다.

① 1개   ② 2개
③ 3개   ④ 4개

해설

지문의 내용 중 옳은 것은 ㉢㉣이다.

㉠ 해양경찰청장은 해수면에서 자연적·인위적 원인으로 발생하는 조난사고로부터 사람의 생명과 신체 및 재산을 보호하고 효율적인 수난구호를 위하여 <u>수난대비기본계획을 5년 단위로 수립</u>하여야 한다. 해양경찰청장은 수난대비기본계획을 집행하기 위하여 <u>수난대비집행계획을 매년 수립·시행하여야</u> 한다(수상에서의 수색·구조 등에 관한 법률 제4조 제1항, 제2항).

㉡ 해양경찰청에 중앙구조본부, <u>지방해양경찰청에 광역구조본부</u>를 두고 <u>해양경찰서에 지역구조본부</u>를 둔다(수상에서의 수색·구조 등에 관한 법률 제5조).

07 다음 중 수상에서의 수색·구조 등에 관한 법률상 수난구호 종사명령에 대한 내용(제29조, 제39조)으로 가장 옳지 않은 것은?

20. 해경

① 구조본부의 장은 수난구호를 위하여 부득이하다고 인정할 때에는 필요한 범위에서 사람 또는 단체를 수난구호업무에 종사하게 할 수 있다.
② 수난구호 종사명령을 받은 자는 구조본부의 장의 지휘를 받아 수난구호업무에 종사하여야 한다.
③ 수난구호 종사명령에 따라 수난구호에 종사한 자는 국가 또는 특별자치도지사·시장·군수·구청장으로부터 수난구호비용을 지급받을 수 있다.
④ 구조본부의 장의 정당한 거부에도 불구하고 구조를 강행한 자는 수난구호 비용을 지급받을 수 없다.

해설
국가는 비용지급의 주체가 아니다. 수난구호에 종사한 자와 일시적으로 사용된 토지·건물 등의 소유자·임차인 또는 사용인은 <u>특별자치도지사 또는 시장·군수·구청장</u>으로부터 수난구호비용을 지급받을 수 있다(수상에서의 수색·구조 등에 관한 법률 제39조 제1항).

08 수상에서의 수색·구조 등에 관한 법률 시행규칙상 선박위치통보의 시기에 대한 설명으로 가장 옳은 것은?

20. 해경간부

① 항해계획통보: 해양경찰청장이 지정·고시하는 선박위치통보해역에 진입한 때
② 위치통보: 선박위치통보해역을 벗어난 때
③ 변경통보: 항해계획통보 후 약 12시간마다
④ 최종통보: 목적지를 변경한 때

해설
② 위치통보: 항해계획통보 후 약 12시간마다
③ 변경통보: 항해계획의 내용을 변경한 때, 선박이 예정위치에서 25해리 이상 벗어난 때 또는 목적지를 변경한 때
④ 최종통보: 목적지에 도착하기 직전이나 도착한 때 또는 해양경찰청장이 지정·고시하는 선박위치통보해역을 벗어난 때

09 수상에서의 수색·구조 등에 관한 법률상의 수난대비계획에 대한 설명으로 가장 옳지 않은 것은?

20. 해경간부

① 해양경찰청장은 수난구호를 위하여 수난대비기본계획을 5년 단위로 수립하여야 한다.
② 해양경찰청장은 수난대비집행계획을 매년 수립·시행하여야 한다.
③ 수난대비집행계획은 민방위기본법에 따른 민방위계획을 제외하여 수립·시행할 수 있다.
④ 수난대비기본계획과 수난대비집행계획의 수립 및 변경 등에 필요한 사항은 해양수산부령으로 정한다.

해설
수난대비집행계획은 민방위기본법에 따른 민방위계획에 포함하여 수립·시행할 수 있다(수상에서의 수색·구조 등에 관한 법률 제4조 제3항).

10 수상에서의 수색·구조 등에 관한 법률에서 구조본부의 장은 특정한 경우 선박에 대해 이동 및 대피를 명할 수 있다. 이와 관련하여 옳은 것을 모두 고르시오.

20. 해경간부

> ㉠ 태풍·풍랑 등 해상기상의 악화로 조난이 우려되는 선박에 대해 이동 및 대피를 명할 수 있다.
> ㉡ 선박구난현장에서 구난작업에 방해가 되는 선박은 이동 및 대피를 명할 수 있다.
> ㉢ 수색구조 훈련 중인 해역에서 조업 중인 선박은 이동 및 대피를 명할 수 있다.
> ㉣ 외국 선박의 이동 및 대피명령은 영해 및 접속수역법 제1조 및 제3조에 따른 영해 및 내수(내수면어업법 제2조 제1호에 따른 내수면은 제외)에서만 실시한다.

① ㉠, ㉢   ② ㉠, ㉡
③ ㉠, ㉡, ㉢   ④ ㉠, ㉡, ㉣

해설

지문의 내용 중 옳은 것은 ㉠㉡㉣이다.
㉢ 동 법에 해당 내용에 대한 명시적인 규정은 존재하지 않는다.

---

11 다음 〈보기〉는 수상에서의 수색·구조 등에 관한 법률(시행령·시행규칙 포함)상 선박위치통보를 해야 하는 선박이다. 빈칸에 들어갈 수를 순서대로 바르게 나열한 것은?

21. 해경

> 〈보기〉
> ㉠ 국제항해에 취항하는 여객선
> ㉡ 국제항해에 취항하는 총톤수 (ⓐ)t 이상의 선박 중 항행시간이 (ⓑ)시간 이상인 선박
> ㉢ 해사안전법상 조종불능선·조종제한선 및 흘수제약선
> ㉣ 예인선열의 길이가 (ⓒ)m를 초과하는 예인선
> ㉤ 석유류 액체화학물질 등 위험화물을 운송하고 있는 선박

① ⓐ: 300 ⓑ: 12 ⓒ: 100
② ⓐ: 300 ⓑ: 12 ⓒ: 200
③ ⓐ: 500 ⓑ: 24 ⓒ: 100
④ ⓐ: 500 ⓑ: 24 ⓒ: 200

해설

ⓐ는 300, ⓑ는 12, ⓒ는 200이다.

> 수상에서의 수색·구조 등에 관한 법률 시행규칙
> 제13조【선박위치통보 선박의 범위】법 제33조 제2항에 따라 선박의 위치를 통보하여야 하는 선박의 범위는 다음 각 호와 같다. 다만, 제3호부터 제5호까지의 규정에 해당하는 선박의 경우에는 해수면에서의 인명 안전을 위한 국제협약 및 관련 의정서에 따른 세계 해상조난 및 안전제도의 시행에 필요한 통신설비를 설치하고 있는 선박으로 한정한다.
> 1. 국제항해에 취항하는 여객선
> 2. 국제항해에 취항하는 총톤수 300t 이상의 선박 중 항행시간이 12시간 이상인 선박
> 3. 해사안전법 제2조 제12호부터 제14호까지의 규정에 따른 조종불능선(操縱不能船)·조종제한선(操縱制限船) 및 흘수제약선(吃水制約船)
> 4. 예인선열(曳引船列)의 길이가 200m를 초과하는 예인선
> 5. 석유류 액체화학물질 등 위험화물을 운송하고 있는 선박

12 다음 중 수상에서의 수색·구조 등에 관한 법률상 민간구조활동 지원에 대한 내용으로 가장 옳지 않은 것은?

21. 해경간부

① 민간해양구조대원은 해양경찰의 해상구조 및 조난사고 예방·대응 활동을 지원할 수 있다.

② 지방자치단체의 장은 필요한 경우 관할 구역에서 민간해양구조대원이 수난구호활동에 참여하는 데 소요되는 경비의 전부 또는 일부를 지원할 수 있다.

③ 최초 수상구조사 자격을 취득한 경우 자격증을 발급받은 날부터 기산하여 2년이 되는 날부터 6개월 이내에 해양경찰청장이 실시하는 보수교육을 받아야 한다.

④ 보수교육을 받지 않은 사람은 보수교육 기간이 만료한 다음 날부터 수상구조사 자격이 정지된다. 다만, 자격정지 후 1년 이내에 보수교육을 받은 경우 보수교육을 받은 날부터 자격의 효력이 다시 발생한다.

해설
지방자치단체의 장은 필요한 경우 관할 구역에서 민간해양구조대원이 수난구호활동에 참여하는 데 소요되는 경비의 일부를 지원할 수 있다(수상에서의 수색·구조 등에 관한 법률 제30조 제3항).

13 다음 중 수상에서의 수색·구조 등에 관한 법률상 표류물을 습득한 경우 가장 옳은 조치는?

20. 해경승진

① 해양경찰청장에게 인도하여야 한다.

② 해양경찰서장에게 인도하여야한다.

③ 소방서장에게 인도하여야 한다.

④ 특별자치도지사 또는 시장·군수·구청장에게 인도하여야 한다.

해설
표류물 또는 침몰품(이하 '표류물 등'이라 한다)을 습득한 자는 지체 없이 이를 특별자치도지사 또는 시장·군수·구청장에게 인도하여야 한다. 다만, 그 표류물 등의 소유자가 분명하고 그 표류물 등이 법률에 따라 소유 또는 소지가 금지된 물건이 아닌 경우에는 습득한 날부터 7일 이내에 직접 그 소유자에게 인도할 수 있다(수상에서의 수색·구조 등에 관한 법률 제35조 제3항).

02 구조본부 구성 및 운영 등에 관한 훈령

14 다음 중 구조본부 구성 및 운영 등에 관한 훈령상 구조본부 구성에 대한 내용으로 가장 옳지 않은 것은?

21. 해경간부

① 상급 구조본부와 하급 구조본부가 동시에 가동되는 경우 수색구조활동에 관한 직접적인 지휘는 상급구조본부장이 우선적으로 권한과 책임을 가진다.

② 하급 구조본부장이 수색구조활동을 지휘할 경우 상급 구조본부장은 지휘 구조본부에 대한 지원 및 임무 조정 역할을 수행한다.

③ 각급 구조본부장은 운영기준에 따라 대비단계, 대응 1단계, 강화 대응 1단계, 대응 2단계 및 대응 3단계로 구분하여 구조본부를 비상 가동한다.

④ 전복 및 침몰사고의 경우 사망 또는 선내 고립인원이 5명 이상이거나 사고 해점 인근 초기 집중 해상수색이 종료된 상태에서 실종자가 5명 이상인 경우 대응 1단계로 구조본부를 비상 가동한다.

해설

상급 구조본부와 하급 구조본부가 동시에 가동되는 경우 수색구조활동에 관한 직접적인 지휘는 법 제17조를 적용하여 사고 발생지 관할 지역구조본부장이 우선적으로 권한과 책임을 가지며, 상급구조본부장을 비롯한 다른 구조본부장은 지휘권을 인수하지 않는 한 지역구조본부장의 현장 대응에 대한 판단에 혼선을 주어서는 안 된다. 단, 상급구조본부장이 서면 또는 전자매체를 이용하여 지시하는 경우는 예외로 한다(구조본부 구성 및 운영 등에 관한 훈령 제8조 제1항).

15 다음 중 국제 항공 및 해상 수색구조 편람(International Aeronautical and Maritime Search And Rescue Manual)상 수색방법에 대한 내용으로 가장 옳은 것은?

21. 해경간부

① 부채꼴 수색(VS: Sector Search)은 수색대상의 위치가 불확실할 때 적합한 수색방법이다.

② 다수의 선박, 항공기로 수색하는 경우 부채꼴 수색(VS: Sector Search)이 유용하다.

③ 평행선 항적 수색(PS: Parallel Track Search)은 생존자의 위치가 불확실하고 광범위한 해역에서 여러 척의 함정이나 항공기로 수색하는 데 적합한 방법이다.

④ 확대사각수색(SS: Expanding Square Search)은 바람, 해류 등 외력의 영향을 많이 받는 해역에서 적합한 방법으로 주로 소형 선박을 이용하여 수색한다.

해설

① 부채꼴 수색(VS: Sector Search)은 수색대상의 위치를 정확히 알고 있으며 수색 지역이 소규모일 때 적합한 수색방법이다.

② 1척의 선박, 항공기로 수색하는 경우 부채꼴 수색(VS: Sector Search)이 유용하다.

④ 확대사각수색(SS: Expanding Square Search)은 바람, 해류 등 외력의 영향이 거의 없는 해역에서 적합한 방법으로 주로 소형 선박을 이용하여 수색한다.

제2절 | 해양안전관리

01 파출소 및 출장소 운영 규칙

16 파출소 및 출장소 운영 규칙에 의거, 파출소 및 출장소에서 발급할 수 있는 민원서류를 모두 고르시오.

19. 해경

> ⊙ 선원 승선신고 사실 확인서
> ⓒ 선박 조업사실 확인서
> ⓒ 선박 출항·입항 신고 사실 확인서
> ⓔ 선박 보험가입 사실 확인서

① ⊙, ⓒ   ② ⊙, ⓒ

③ ⊙, ⓔ   ④ ⓒ, ⓒ

해설
지문의 내용 중 파출소 및 출장소에서 발급할 수 있는 민원서류는 ⊙ⓒ이다(파출소 및 출장소 운영 규칙 제30조 제2항).

17 파출소 및 출장소 운영 규칙상 용어의 정의로 가장 옳지 않은 것은?

19. 해경

① '파출소'란 해양경찰서장의 소관 사무를 분장하기 위하여 해양경찰서장 소속하에 설치하는 지방관서를 말한다.
② '지역경찰활동'이란 지역사회의 주민 및 기관·단체 등과 협력을 통해 범죄와 안전사고를 예방하고 민원사항이나 지역주민의 의견을 청취하여 치안활동에 반영하며 해양경찰활동에 지역주민의 이해와 참여를 이끌어내어 함께하는 해양경찰활동을 말한다.
③ '교대근무'란 근무조를 나누어 일정한 계획에 의한 반복 주기에 따라 교대로 업무를 수행하는 근무형태를 말한다.
④ '연안구조장비'란 연안해역의 안전관리와 해상치안활동을 위해 파출소 및 출장소에 배치하여 운용하는 선박 등을 말한다.

해설
지문의 내용은 '연안구조정'에 대한 설명이다. '연안구조장비'란 파출소 및 출장소에 배치하여 운용하는 연안구조정 및 수상오토바이 등을 말한다(파출소 및 출장소 운영 규칙 제2조 제4호, 제5호).

18 다음 중 파출소 및 출장소 운영 규칙에 따른 해양경찰 지방관서 명칭으로 가장 옳은 것은? 20. 해경승진

> ㉠ 상주 근무자를 두지 않고 파출소 경찰관이 일정 시간 근무하다 다시 파출소로 귀소하는 방법으로 운영한다.
> ㉡ 관할을 따로 지정하지 아니한다.

① 대기교대형 출장소
② 구조거점 출장소
③ 순찰형 출장소
④ 탄력근무형 출장소

해설
지문의 내용은 탄력근무형 출장소에 대한 설명이다(파출소 및 출장소 운영 규칙 제13조).

19 다음은 파출소 및 출장소 운영 규칙상 조직 및 구성에 대한 설명이다. 가장 옳은 것은? 20. 해경

> 해양경찰서 구조대와 원거리에 위치하고 해양사고 빈발해역을 관할하는 파출소의 현장대응 역량 강화를 위하여 운영되며, 잠수구조요원을 배치·운영할 수 있다.

① 출장소
③ 순찰형 출장소
② 탄력근무형 출장소
④ 구조거점파출소

해설
지문의 내용은 구조거점파출소에 대한 설명이다(파출소 및 출장소 운영 규칙 제11조).

20 파출소·출장소에는 법령 또는 다른 행정규칙에 정한 경우에만 문서 및 부책을 비치한다. 다음 중 파출소 및 출장소 운영 규칙에 따른 비치 문서 및 부책으로 가장 옳지 않은 것은? 20. 해경승진

① 민원처리 기록부
③ 보안자재관리 기록부
② 근무일지
④ 통고처분 처리부

해설
민원처리 기록부는 비치 문서 및 부책에 해당하지 않는다.

> 파출소 및 출장소 운영 규칙
> 제46조【문서 및 부책】① 파출소 및 출장소에는 다음 각 호와 법령 또는 다른 행정규칙에 정한 경우에만 문서 및 부책을 비치한다. 다만, 관련 시스템을 구축·운영할 경우 이를 갈음할 수 있다.
> 1. 근무일지
> 2. 관서운영경비 지출증명서류
> 3. 보안자재관리 기록부
> 4. 통고처분 처리부
> 5. 사건사고 처리대장(별지 제2호 서식)
> ② 다른 행정규칙에 의하여 비치하는 문서 및 부책은 법령이나 현실여건의 변화 등을 검토하여 이 규칙 시행 후 3년이 경과되기 전에 비치 여부를 재검토하여야 한다.

21 다음 중 파출소 및 출장소 운영 규칙상 연안구조정에 대한 내용으로 가장 옳지 않은 것은?

20. 해경

① 연안구조정은 파출소 및 출장소의 임무수행을 위하여 파출소 및 출장소에 배치하며, 소속 해양경찰서장의 지시를 받아 파출소장이 운용한다.

② 연안구조정의 활동구역은 파출소 관할해역으로 한정함을 원칙으로 한다.

③ 해상순찰 중인 연안구조정 근무자는 연안구조정의 행동사항, 검문검색 등 중요 순찰결과를 1시간 간격으로 파출소장에게 보고해야 한다.

④ 파출소장은 연안구조정 등의 고장예방과 효율적인 장비관리를 위하여 관리책임자를 지정할 수 있다.

해설

연안구조정 근무자는 출·입항 및 해상순찰 근무시에는 <u>1시간 간격으로 파출소에 위치 및 해상상황을 보고</u>하고, <u>연안구조정의 행동사항, 검문검색 등 중요 순찰결과를 입항 즉시</u> 파출소장에게 보고 및 별지 제1호 서식의 근무일지에 기록한다(파출소 및 출장소 운영 규칙 제37조 제5항).

22 다음 중 파출소 및 출장소 운영 규칙에 대한 설명으로 가장 옳은 것은?

20. 해경

① 순찰차는 불가피한 경우를 제외하고는 2명 미만 탑승을 원칙으로 한다.

② 순찰차 운전요원은 반드시 제1종 보통운전면허 이상을 소지하여야 한다.

③ 이륜차량 운전요원은 원동기장치 자전거면허 이상을 소지하여야 한다.

④ 순찰차를 순찰 이외에 경찰관서 출입의 용도로 운용해서는 안 된다.

해설

① 순찰차는 불가피한 경우를 제외하고는 <u>2명 이상</u> 탑승을 원칙으로 한다(파출소 및 출장소 운영 규칙 제36조 제3항).

② <u>순찰차 운전요원은 제2종 보통운전면허</u> 이상, 이륜차량 운전요원은 원동기장치 자전거면허 이상을 소지하여야 한다(파출소 및 출장소 운영 규칙 제36조 제3항).

④ 순찰차 등은 순찰 이외에 경찰관서 출입, 출장소 감독순시 등 파출소 및 출장소의 효율적인 업무수행을 위하여 운용할 수 있다(파출소 및 출장소 운영 규칙 제36조 제4항).

23 파출소 및 출장소 운영 규칙상 해양사고 또는 해양오염사고의 신고를 받았거나 사고 발생사항을 인지하였을 때 처리사항으로 옳지 않은 것은?

20. 해경간부

① 해양경찰서 구난담당자 또는 해양오염방제 담당자 등이 현장에 도착하면 상황을 인계하고, 사고처리에 협조하여야 한다.

② 사고현장을 보존하고 조사를 행하여야 한다.

③ 해양경찰서장에게 즉시 보고와 동시에 현장에 임하여 인명과 재산피해의 확대 방지 및 필요한 초동조치를 취할 수 있다.

④ 경미한 사건·사고에 대하여 파출소장이 직접 처리할 수 있으며, 이 경우에는 조사 또는 처리사항을 해양경찰서장에게 보고하여야 한다.

해설

해양경찰서장에게 즉시 보고와 동시에 현장에 임하여 인명과 재산피해의 확대 방지와 필요한 초동조치를 <u>취하여야 한다</u>(파출소 및 출장소 운영 규칙 제31조 제2항 제1호).

24 파출소 및 출장소 운영 규칙상 해양사고 또는 해양오염사고의 신고를 받거나 사고 발생사항을 인지하였을 때 취해야 할 조치로 가장 옳지 않은 것은?

21. 해경

① 해양경찰서장에게 즉시 보고와 동시에 현장에 임하여 인명과 재산피해의 확대 방지와 필요한 초동조치를 취하여야 한다.

② 사고현장을 보존하고 조사를 행하여야 한다.

③ 해양경찰서의 수사 전문경찰관이 현장에 도착하면 상황을 인계하고, 사고처리에 협조하여야 한다.

④ 경미한 사건·사고에 대하여는 파출소장이 직접 처리할 수 있으며, 이 경우에는 조사 또는 처리사항을 해양경찰서장에게 보고하여야 한다.

해설

해양경찰서의 수사 전문경찰관이 현장에 도착하면 이를 인계하고 <u>사건 조사</u>에 협조하여야 한다. 해양경찰서 구조담당자 또는 해양오염방제 담당자 등이 현장에 도착하면 상황을 인계하고, <u>사고처리</u>에 협조하여야 한다(파출소 및 출장소 운영 규칙 제31조).

25 해양경찰청은 체계적이고 효율적인 안전관리와 치안활동을 위해 파출소 및 출장소 운영 규칙을 훈령으로 제정하여 시행하고 있다. 이와 관련하여 다음 중 가장 옳지 않은 것은? 20. 해경간부

① 해양경찰서장의 소관사무를 분장하기 위해 서장 소속하에 파출소를 설치하며, 파출소장 소속으로 출장소를 설치한다.

② 파출소 및 출장소에 배치하여 운용하는 연안구조정 및 수상오토바이 등을 '연안구조장비'라고 한다.

③ 상주 근무자를 배치하지 않고, 관할파출소에서 탄력적으로 기동순찰하며 치안업무를 수행하는 출장소를 '순찰형 출장소'라고 한다.

④ 상주 근무자를 두지 않고, 해당 출장소를 관할하는 파출소 경찰관이 출장소에 일정 시간 근무하다 파출소로 귀소하는 방법으로 운영하는 출장소를 '교대일근형 출장소'라고 하며, 교대일근형 출장소의 관할은 따로 지정한다.

해설

탄력근무형 출장소는 상주 근무자를 두지 않고, 해당 출장소를 관할하는 파출소 경찰관이 출장소에 일정 시간 근무하다, 파출소로 귀소하는 방법으로 운영한다. 탄력근무형 출장소의 관할은 따로 지정하지 아니한다(파출소 및 출장소 운영 규칙 제13조).

26 다음 중 파출소 및 출장소 운영 규칙에 따른 파출소 순찰구조팀장의 직무수행에 대한 설명으로 가장 옳지 않은 것은? 20. 해경승진

① 무기·탄약 및 장비 등의 인계인수

② 해양안전·치안에 대한 대민홍보 및 협력활동

③ 연안구조정, 순찰차 등 보유장비 관리

④ 관내 안전관리, 순찰 등 지역 경찰 활동

해설

지문의 내용은 파출소장의 직무에 해당한다(파출소 및 출장소 운영 규칙 제8조 제3항 제3호).

☑ **파출소장과 순찰구조팀장의 직무**

파출소장	순찰구조팀장
1. 관내 해양안전·치안 분석 및 대책 수립	1. 근무교대시 주요 취급사항, 무기·탄약 및 장비 등의 인계인수
2. 파출소 및 관할 출장소의 시설, 예산, 무기·탄약 및 장비의 관리	2. 순찰구조팀원에 대한 일일 근무편성 및 지휘·감독
3. 해양안전·치안에 대한 대민홍보 및 협력활동	3. 관내 사건사고 발생시 초동조치 및 현장 상황처리
4. 관내 순시 및 상황 처리 지휘	4. 연안구조정, 순찰차 등 보유장비 관리
5. 관내 대행신고소에 대한 지도 및 교육	5. 관내 안전관리, 순찰 등 지역경찰 활동
6. 소속 경찰관 및 의경의 근무지정, 순찰 지시 등 근무와 관련된 제반사항에 대한 지휘 및 감독	6. 파출소장 부재시 업무
7. 그 밖에 해양경찰서장의 지시사항 업무처리 등	7. 그 밖에 파출소장 지시사항 처리 등

27 다음 중 파출소 및 출장소 운영 규칙에 따른 파출소의 임무로 가장 옳지 않은 것은?

① 범죄의 예방, 단속 및 치안·안전 정보의 수집
② 다중이용선박 및 수상레저활동 안전관리
③ 연안해역 안전관리
④ 관내 선박교통 관제

해설

관내 선박교통 관제는 파출소의 임무에 해당하지 않는다.

> 파출소 및 출장소 운영 규칙
> 제6조【파출소 임무】파출소의 임무는 다음 각 호와 같다.
> 　1. 범죄의 예방, 단속 및 치안·안전 정보의 수집
> 　2. 다중이용선박 및 수상레저활동 안전관리
> 　3. 선박 출입항 신고 접수 및 통제
> 　4. 연안해역 안전관리
> 　5. 각종 해양사고 예방 및 초동조치
> 　6. 민원, 주민협력체계 구축 등 지역경찰 활동
> 　7. 국가기관, 지방자치단체 등의 공익을 위한 행정지원
> 　8. 그 밖에 해양경찰서장이 지시하는 업무처리 등

28 다음 중 파출소 및 출장소 운영 규칙에 대한 내용으로 옳은 것은 모두 몇 개인가?

> ㉠ 해양경찰서 구조대와 원거리에 위치하고 해양사고빈발해역을 관할하는 파출소의 현장대응 역량 강화를 위하여 구조거점파출소를 운영할 수 있다.
> ㉡ 구조거점파출소장은 경정 또는 경감으로 보한다.
> ㉢ 구조거점파출소에는 잠수구조요원을 배치·운영하여야 한다.
> ㉣ 출장소는 범죄의 예방, 단속 및 치안·안전정보의 수집 임무를 수행한다.

① 없음
② 1개
③ 2개
④ 3개

해설

지문의 내용 중 옳은 것은 ㉠㉡이다.
㉢ 구조거점파출소에는 잠수구조요원을 배치·운영할 수 있다(파출소 및 출장소 운영 규칙 제11조 제3항).
㉣ 사안은 파출소의 임무에 해당한다(파출소 및 출장소 운영 규칙 제6조 제1호).

☑ 파출소 및 출장소 운영 규칙상 파출소와 출장소의 임무

파출소의 임무	출장소의 임무
1. 범죄의 예방, 단속 및 치안·안전 정보의 수집	1. 선박 출입항 신고 접수 및 통제
2. 다중이용선박 및 수상레저활동 안전관리	2. 각종 해양사고 초동조치
3. 선박 출입항 신고 접수 및 통제	3. 민원, 주민협력체계 구축 등 지역경찰 활동
4. 연안해역 안전관리	4. 그 밖에 파출소장이 지시하는 업무처리 등
5. 각종 해양사고 예방 및 초동조치	
6. 민원, 주민협력체계 구축 등 지역경찰 활동	
7. 국가기관, 지방자치단체 등의 공익을 위한 행정지원	
8. 그 밖에 해양경찰서장이 지시하는 업무처리 등	

29 다음 중 파출소 및 출장소 운영 규칙상 연안구조정에 대한 내용으로 가장 옳지 않은 것은? 21. 해경간부

① 연안구조정은 파출소 및 출장소의 임무수행을 위하여 파출소 및 출장소에 배치하며, 소속 해양경찰서장의 지시를 받아 파출소장이 운용한다.

② 연안구조정의 활동구역은 파출소 관할해역으로 한정함을 원칙으로 한다.

③ 해상순찰 중인 연안구조정 근무자는 연안구조정의 행동사항, 검문검색 등 중요 순찰결과를 1시간 간격으로 파출소장에게 보고해야 한다.

④ 파출소장은 연안구조정 등의 고장예방과 효율적인 장비관리를 위하여 관리책임자를 지정할 수 있다.

해설
연안구조정 근무자는 출·입항 및 해상순찰 근무시에는 1시간 간격으로 파출소에 위치 및 해상상황을 보고하고, 연안구조정의 행동사항, 검문검색 등 중요 순찰결과를 입항 즉시 파출소장에게 보고 및 별지 제1호 서식의 근무일지에 기록한다(파출소 및 출장소 운영 규칙 제37조 제5항).

02 연안사고 예방에 관한 법률

30 다음 중 연안사고 예방을 위한 활동에 국민의 참여분위기를 조성하고 안전의식을 확산하기 위하여 정한 '연안안전의 날'은 언제인가? 20. 해경승진

① 매년 6월 셋째 주 월요일

② 매년 6월 15일

③ 매년 7월 첫째 주 금요일

④ 매년 7월 18일

해설
연안안전의 날은 매년 7월 18일로 한다. 안전점검 주간(週間)은 매년 7월 셋째 주로 한다(연안사고 예방에 관한 법률 시행령 제10조).

31 연안사고 예방에 관한 법률상 연안체험활동이 곤란하거나 연안체험활동 참가자의 안전에 위해를 끼칠 우려가 있다고 인정하는 때에는 연안체험활동의 전부 또는 일부를 금지하거나 제한할 수 있다. 다음 중 가장 옳지 않은 것은? 19. 해경

① 자연재해의 예보·경보 등이 발령된 경우

② 유류오염·적조·부유물질·유해생물이 발생하거나 출현하는 경우

③ 어망 등 해상장애물이 많은 경우

④ 그 밖에 연안사고 예방을 위하여 해양수산부령으로 정하는 경우

해설
그 밖에 연안사고 예방을 위하여 대통령령으로 정하는 경우에는 연안체험활동의 전부 또는 일부를 금지하거나 제한할 수 있다(연안사고 예방에 관한 법률 제14조 제1항 제4호).

32 연안사고 예방에 관한 법률상 해양경찰청장이 연안사고 예방을 위해 출입통제를 할 수 있는 장소로 옳은 것은
□□□ 모두 몇 개인가?

19. 해경

- ⊙ 너울성 파도가 잦은 해안가
- ⓒ 물살이 빠르고 갯골이 깊은 갯벌 지역
- ⓒ 사고위험은 없으나 안전요원이 배치되어 있지 않은 바닷가
- ⓔ 사고발생이 빈번하고 구조활동이 용이하지 않은 갯바위
- ⑩ 낚시객들로 인해 교통이 혼잡한 지역
- ⑭ 해상추락의 위험이 없는 연안에 위치한 절벽

① 3개　　　　　　　　　　② 4개
③ 5개　　　　　　　　　　④ 6개

해설
지문의 내용 중 옳은 것은 ⊙ⓒⓔ이다.

> 연안사고 예방에 관한 법률
> 제10조【출입통제 등】① 해양경찰청장은 연안사고 예방을 위하여 특별자치도지사·시장·군수·구청장, 소방서장 및 항만에 관한
> 업무를 관장하는 해양수산부 소속 기관의 장의 의견을 들어 인명사고가 자주 발생하거나 발생할 우려가 높은 다음 각 호의 장소에
> 대하여 출입통제를 할 수 있다.
> 1. 너울성 파도가 잦은 해안가 또는 방파제
> 2. 물살이 빠르고 갯골이 깊은 갯벌 지역
> 3. 사고발생이 빈번하고 구조활동이 용이하지 아니한 섬 또는 갯바위
> 4. 연안절벽 등 해상추락이 우려되는 지역
> 5. 그 밖에 연안사고가 자주 발생하는 장소

33 다음 중 연안사고 예방에 관한 법률에 대한 설명으로 가장 옳은 것은?
□□□

20. 해경

① '연안사고'는 연안해역에서 발생하는 인명에 위해를 끼치는 사고를 말하며, 해양사고의 조사 및 심판에 관한 법률
제2조 제1호에 따른 해양사고를 포함한다.
② 해양수산부장관은 연안사고 예방을 위하여 5년마다 연안사고 예방 기본계획을 수립하여야 한다.
③ 연안사고 예방에 관하여 필요한 사항을 협의하기 위하여 해양경찰청장 소속으로 중앙연안사고예방협의회를 두고,
지방해양경찰청 및 해양경찰서에 각각 광역연안사고예방협의회 및 지구연안사고예방협의회를 둔다.
④ 해양경찰청장은 연안사고 예방을 위하여 너울성 파도가 잦은 해안가, 물살이 빠르고 갯골이 깊은 갯벌 지역, 연안
절벽 등 해상추락이 우려되는 지역에 대하여 출입통제를 할 수 있다.

해설
① 해양사고의 조사 및 심판에 관한 법률 제2조 제1호에 따른 해양사고는 제외한다(연안사고 예방에 관한 법률 제2조 제2호).
② 해양경찰청장은 연안사고 예방을 위하여 5년마다 연안사고 예방 기본계획(이하 '기본계획'이라 한다)을 수립·추진하여야 한다(연안
사고 예방에 관한 법률 제5조 제1항).
③ 연안사고 예방에 관하여 필요한 사항을 협의하기 위하여 해양경찰청장 소속으로 중앙연안사고예방협의회를 두고, 지방해양경찰청
및 해양경찰서에 각각 광역연안사고예방협의회 및 지역연안사고예방협의회를 둔다(연안사고 예방에 관한 법률 제8조 제1항).

34 해양경찰청은 연안해역에서 발생하는 연안사고의 예방에 필요한 사항을 규정하기 위해 연안사고 예방에 관한 법률을 제정·시행하고 있다. 다음 중 이 법과 관련하여 옳지 않은 것은 모두 몇 개인가?   20. 해경간부

> ㉠ 해양경찰청장은 연안사고 예방을 위하여 5년마다 연안사고 예방 기본계획을 수립·추진하여야 한다.
> ㉡ 지방해양경찰청장은 기본계획에 따라 매년 연안사고 예방 시행계획을 수립·시행하여야 한다.
> ㉢ 연안사고 예방에 관하여 필요한 사항을 협의하기 위해 해양경찰청장 소속으로 중앙연안사고예방협의회를 둔다.
> ㉣ 연안사고 예방에 관하여 필요한 사항을 협의하기 위하여 지방해양경찰청 및 해양경찰서에 각각 광역연안사고예방협의회 및 지역연안사고예방협의회를 둔다.
> ㉤ 연안사고란 연안해역에서 발생하는 인명에 위해를 끼치는 사고를 말한다. 다만 해양사고의 조사 및 심판에 관한 법률 제2조 제1호에 따른 해양사고는 제외한다.

① 1개
② 2개
③ 3개
④ 4개

해설

지문의 내용 중 옳지 않은 것은 ㉡이다.
㉡ 해양경찰청장은 기본계획에 따라 매년 연안사고 예방 시행계획(이하 이 조에서 '시행계획'이라 한다)을 수립·시행하여야 한다(연안사고 예방에 관한 법률 제7조 제1항).

35 다음 중 연안사고 예방에 관한 법률에 대한 내용으로 가장 옳지 않은 것은?   20. 해경

① 해양경찰청장은 연안사고 예방을 위하여 5년마다 연안사고 예방 기본계획을 수립·추진하여야 한다.
② 해양경찰청장은 연안사고 예방 기본계획에 따라 매년 연안사고 예방 시행계획을 수립·시행하여야 한다.
③ 연안사고 예방에 관하여 필요한 사항을 협의하기 위하여 해양경찰청장 소속으로 중앙연안사고예방협의회를 두고, 지방해양경찰청장 소속으로 지방연안사고예방협의회를 둔다.
④ 민간연안순찰요원은 해양경찰서장의 추천을 받아 지방해양경찰청장이 위촉한다.

해설

민간연안순찰요원은 지방해양경찰청장의 추천을 받아 해양경찰청장이 위촉한다(연안사고 예방에 관한 법률 시행규칙 제11조 제1항).

36 다음 〈보기〉 중 연안사고 예방에 관한 법률상 연안사고로 볼 수 없는 것은 모두 몇 개인가?

〈보기〉

㉠ 갯벌에서 수산생물 채취 중 밀물에 고립
㉡ 어선에서 조업 중 바다로 추락
㉢ 해수욕장에서 스노클링 중 익사
㉣ 스킨스쿠버 활동 중 실종
㉤ 수상오토바이를 타고 레저활동 중 부상
㉥ 방파제(테트라포드 포함)에서 낚시 중 추락

① 없음
② 1개
③ 2개
④ 3개

해설

지문의 내용 중 연안사고로 볼 수 없는 것은 ㉡㉤이다.

연안사고 예방에 관한 법률
제2조【정의】 이 법에서 사용하는 용어의 뜻은 다음과 같다.
  2. '연안사고'란 연안해역에서 발생하는 인명에 위해를 끼치는 다음 각 목의 사고를 말한다. 다만, 해양사고의 조사 및 심판에 관한 법률 제2조 제1호에 따른 해양사고는 제외한다.
    가. 갯벌·갯바위·방파제·연육교·선착장·무인도서 등에서 바다에 빠지거나 추락·고립 등으로 발생한 사고
    나. 연안체험활동 중에 발생한 사고
  3. '연안체험활동'이란 연안해역에서 이루어지는 체험활동으로서 해양수산부령으로 정하는 활동을 말한다.

연안사고 예방에 관한 법률 시행규칙
제2조【연안체험활동】 연안사고 예방에 관한 법률(이하 '법'이라 한다) 제2조 제3호에서 '해양수산부령으로 정하는 활동'이란 다음 각 호의 어느 하나에 해당하는 체험활동을 말한다.
  1. 수상(水上)형 체험활동: 선박법 제1조의2 제1항에 따른 선박이나 수상레저안전법 제2조 제3호에 따른 수상레저기구를 이용하지 않고 수상에서 이루어지는 체험활동. 다만, 체험활동 과정의 일부가 수중에서 이루어지는 경우에도 활동 내용의 주된 부분이 수상에서 이루어지는 체험활동은 전체를 수상형 체험활동으로 본다.
  2. 수중(水中)형 체험활동: 수중에서 이루어지는 체험활동. 다만, 체험활동 과정의 일부가 수상에서 이루어지는 경우에도 활동 내용의 주된 부분이 수중에서 이루어지는 체험활동은 전체를 수중형 체험활동으로 본다.
  3. 일반형 체험활동: 제1호 또는 제2호에 따른 체험활동 외에 연안해역에서 이루어지는 체험활동

37 연안사고 예방에 관한 법률 시행규칙상 인명사고가 자주 발생하거나 우려가 있는 지역을 출입통제하거나 해제할 경우 해당 장소 입구에 표지판을 설치하고 관련 내용을 공고하여야 한다. 다음 중 공고 내용으로 옳지 않은 것은 모두 몇 개인가?

㉠ 출입통제 장소의 지정 또는 해제 사유
㉡ 출입통제 장소의 소재지
㉢ 출입통제 장소의 범위
㉣ 출입통제의 지정일 또는 해제일
㉤ 출입통제 장소의 인명구조장비 배치 현황

① 0개
② 1개
③ 2개
④ 3개

해설

지문의 내용 중 옳지 않은 것은 ㅁ이다.

> 연안사고 예방에 관한 법률 시행규칙
> 제5조【출입통제장소의 지정·해제】 해양경찰서장은 법 제10조 제2항 및 제3항에 따라 법 제10조 제1항 각 호의 장소에 대하여 출입통제를 하거나 출입통제를 해제하려는 때에는 그 출입통제 개시일 또는 출입통제 해제일 20일 전까지 다음 각 호의 내용이 포함된 사항을 표지판으로 제작하여 해당 장소 입구 등 일반인이 잘 볼 수 있는 곳에 설치하여야 하고, 해당 해양경찰서 게시판·인터넷 홈페이지 등에 공고하여야 한다.
> 1. 출입통제 장소의 지정 또는 해제 사유
> 2. 출입통제 장소의 소재지
> 3. 출입통제 장소의 범위
> 4. 출입통제 기간(출입통제장소를 지정하는 경우에만 해당한다)
> 5. 출입통제의 지정일 또는 해제일
> 6. 그 밖에 출입통제와 관련하여 필요한 사항

38 다음 중 연안사고 안전관리규정에 따른 위험구역으로 지정 관리할 수 있는 장소로 가장 옳지 않은 것은?

20. 해경승진

① 기타 지역주민들의 요청에 따라 위험하다고 판단되는 지역
② 위험요소가 많아 사고발생 가능성이 높은 지역
③ 사고 발생시 다수의 인명피해가 우려되는 지역
④ 최근 3년간 선박사고가 발생했던 지점

해설

최근 3년간 선박사고가 발생했던 지점은 위험구역으로 지정관리할 수 있는 장소에 해당하지 않는다.

> 연안사고 안전관리규정
> 제7조【위험구역 지정관리】 ① 해양경찰서장 및 지방자치단체의 장은 제6조의 위험성조사 결과를 바탕으로 위험한 장소에 대하여 인명사고 위험구역으로 지정·관리할 수 있다.
> ② 해양경찰서장은 위험구역으로 지정·관리할 경우에는 사전에 다음 각 호의 사항을 고려하여 지방자치단체의 장의 의견을 들어야 한다.
> 1. 최근 3년간 인명사고가 발생했던 지점
> 2. 위험요소가 많아 인명사고 발생 가능성이 높은 지역
> 3. 사고가 발생할 경우에 다수의 인명피해가 우려되는 지역
> 4. 그 밖에 지역주민들의 요청에 따라 위험하다고 판단되는 지역

03 선박 출·입항 관리

39 다음 중 어선안전조업법 시행령상 위치통지에 대한 내용으로 가장 옳지 않은 것은?

21. 해경간부

① 일반해역에 출어하는 어선은 1일 1회 위치통지를 해야 한다.

② 특정해역에 출어하는 어선은 1일 3회 위치통지를 해야 한다.

③ 어선은 풍랑특보 발효시 매 12시간 간격으로 어선안전조업본부에 위치통지를 해야 한다.

④ 어선은 태풍특보 발효시 매 6시간 간격으로 어선안전조업본부에 위치통지를 해야 한다.

해설

태풍특보 발효시 매 4시간 간격(4시간 전후로 30분의 간격은 허용한다)으로 위치통지를 해야 한다(어선안전조업법 시행령 제12조 제3항 제2호).

04 기초질서 위반사범의 단속

40 다음 중 통고처분제도에 대한 설명으로 가장 옳지 않은 것은?

20. 해경승진

① 통고처분은 주거 및 신원이 확실하지 아니한 사람에게도 할 수 있다.

② 통고처분의 성격은 준사법적 행정행위이다.

③ 통고처분에 납부하는 금전은 행정제재금의 성격을 갖는다.

④ 해양경찰서장은 통고처분권자다.

해설

주거 또는 신원이 확실하지 아니한 사람에게는 통고하지 아니한다(경범죄 처벌법 제7조 제1항 제2호).

41 다음 <보기> 중 경범죄 처벌법 시행령상 범칙행위에 따른 범칙금액이 같은 것끼리 짝지어진 것으로 가장 옳은 것은?

20. 해경승진

<보기>
㉠ 여러 사람이 모이거나 다니는 곳에서 영업을 목적으로 떠들썩하게 손님을 부른 경우
㉡ 싫다고 하는데도 되풀이하여 단체 가입을 억지로 강요한 경우
㉢ 길, 공원, 그 밖에 여러 사람이 모이거나 다니는 곳에서 함부로 침을 뱉는 경우
㉣ 출입이 금지된 구역이나 시설 또는 장소에 정당한 이유 없이 들어간 경우

① ㉠, ㉡

② ㉡, ㉢

③ ㉢, ㉣

④ ㉡, ㉣

해설

㉠㉡은 5만원, ㉢은 3만원, ㉣은 2만원의 범칙금이 부과된다.

05 주취운항 단속(해사안전법, 유선 및 도선사업법, 수상레저안전법, 낚시 관리 및 육성법)

42 다음 중 음주운항 단속메뉴얼에 따른 파출소 음주측정기 1-2-3차 관리책임자로 가장 옳은 것은? 20. 해경승진

	1차	2차	3차
①	순찰구조팀장	파출소장	해양안전과장
②	담당자	파출소장	해양안전과장
③	담당자	파출소장	해상교통계장
④	순찰구조팀장	파출소장	해상교통계장

해설

음주측정기의 관리책임자는 1차 담당자, 2차 파출소장, 3차 해양안전과장이다.

43 甲은 혈중알코올농도 0.05% 상태에서 모터보트를 조종하다가 해양경찰관에게 적발되었다. 수상레저 안전법상 甲에 대한 조종면허 행정처분(㉠)과 형벌(㉡)로 옳은 것은? 21. 해경

	㉠	㉡
①	면허 정지 6개월,	6개월 이하의 징역 또는 500만원 이하의 벌금
②	면허 정지 6개월,	1년 이하의 징역 또는 1천만원 이하의 벌금
③	면허 취소,	1년 이하의 징역 또는 1천만원 이하의 벌금
④	면허 취소,	3년 이하의 징역 또는 3천만원 이하의 벌금

해설

사안의 경우 행정처분으로 면허 취소, 형벌로 1년 이하의 징역 또는 1천만원 이하의 벌금에 처한다(수상레저안전법 제56조, 동법 시행규칙 제9조).

제3절 | 수상레저

44 다음은 수상레저안전법상 동력수상레저기구 조종면허 결격사유 중 하나이다. 괄호 안에 들어갈 내용으로 바르게
□□□ 짝지어진 것은?

19. 해경

> 조종면허를 받지 아니하고 동력수상레저기구를 조종한 자로서 (㉠) 후 구호 등 필요한 조치를 하지 아니하고
> 달아난 날부터 (㉡)이 지나지 아니한 자

	㉠	㉡
①	사람을 사상한	4년
②	사람을 사상한	2년
③	사고	4년
④	사고	2년

해설

조종면허를 받지 아니하고 동력수상레저기구를 조종한 자로서 <u>사람을 사상</u>한 후 구호 등 필요한 조치를 하지 아니하고 달아난 자는 이를
위반한 날부터 <u>4년</u>이 지나지 아니한 자는 조종면허를 받을 수 없다(수상레저안전법 제5조 제1항 제5호).

45 다음은 동력수상레저기구 조종면허에 대한 내용이다. 괄호 안에 들어갈 내용으로 바르게 짝지어진 것은?
□□□

20. 해경간부

> ㉠ 조종면허를 받아야 조종할 수 있는 동력수상레저기구는 추진기관의 (   ) 출력이 (   ) 이상이다.
> ㉡ 조종면허를 받지 아니하고 동력수상레저기구를 조종한 자로서 (   ) 후 구호 등 필요한 조치를 하지 아니하고
>   달아난 자는 이를 위반한 날부터 (   )이 지나지 않으면 조종면허를 받을 수 없다.

	㉠	㉡
①	최대, 5마력	사람을 사상한, 4년
②	최소, 5마력	사람을 사상한, 4년
③	최소, 4마력	사고, 4년
④	최대, 5마력	사고, 4년

해설

㉠ 조종면허를 받아야 하는 동력수상레저기구는 동력수상레저기구 중 추진기관의 <u>최대 출력이 5마력 이상</u>인 것을 말한다(수상레저안전
법 시행령 제3조 제1항).
㉡ 조종면허를 받지 아니하고 동력수상레저기구를 조종한 자로서 <u>사람을 사상</u>한 후 구호 등 필요한 조치를 하지 아니하고 달아난 자는
이를 위반한 날부터 <u>4년</u>이 지나지 아니한 자는 조종면허를 받을 수 없다(수상레저안전법 제5조 제1항 제5호).

46 수상레저안전법에 규정된 내용으로 다음 중 가장 옳지 않은 것은?

① 수상레저활동을 하려는 자는 구명조끼 등 인명안전에 필요한 장비를 착용하여야 한다.

② 출발항으로부터 10km 이상 떨어진 곳에서 수상레저활동을 하려는 자는 해양경찰관서나 경찰관서에 신고하여야 한다. 다만 선박의 입항 및 출항 등에 관한 법률에 따라 출입신고를 하거나, 선박안전 조업규칙 제15조에 따른 출입항신고를 한 선박인 경우에는 그러하지 아니한다.

③ 수상레저기구의 조종자는 그 수상레저기구의 정원을 초과하여 사람을 태우고 운항하여서는 아니 된다.

④ 누구든지 해진 후 30분부터 해뜨기 전 30분까지는 수상레저활동을 하여서는 아니 된다. 다만, 해양수산부령으로 정하는 바에 따라 야간운항장비를 갖춘 수상레저기구를 이용하는 경우에는 그러하지 아니하다.

해설

출발항으로부터 10해리 이상 떨어진 곳에서 수상레저활동을 하려는 자는 해양수산부령으로 정하는 바에 따라 해양경찰관서나 경찰관서에 신고하여야 한다. 다만, 선박의 입항 및 출항 등에 관한 법률 제4조에 따른 출입신고를 하거나 선박안전 조업규칙 제15조에 따른 출항·입항신고를 한 선박인 경우에는 그러하지 아니하다(수상레저안전법 제19조 제1항).

47 다음은 수상레저안전법상 수상레저사업 등록기준에 대한 설명이다. 괄호 안에 들어갈 숫자의 합으로 가장 옳은 것은?

> ㉠ 탑승 정원이 (　　　)명 이상인 수상레저기구에는 그 탑승 정원의 (　　　)% 이상에 해당하는 수의 구명튜브를 갖추어야 한다.
> ㉡ 탑승 정원이 (　　　)명 이상인 동력수상레저기구(수상오토바이는 제외한다)에는 (　　　)개 이상의 예비용 노를 갖추어야 한다.
> ㉢ 영업구역이 (　　　)해리 이상인 경우에는 수상레저기구에 사업장 또는 가까운 무선국과 연락할 수 있는 통신장비를 갖추어야 한다.

① 31

② 35

③ 39

④ 41

해설

빈칸에 들어갈 숫자의 합은 41이다.

㉠ 탑승 정원이 4명 이상인 수상레저기구(수상오토바이 및 워터슬레드는 제외한다)에는 그 탑승 정원의 30% 이상에 해당하는 수의 구명튜브를 갖추어야 한다.

㉡ 탑승 정원이 4명 이상인 동력수상레저기구(수상오토바이는 제외한다)에는 1개 이상의 예비용 노를 갖추어야 한다.

㉢ 영업구역이 2해리 이상인 경우에는 수상레저기구에 사업장 또는 가까운 무선국과 연락할 수 있는 통신장비를 갖추어야 한다.

48 다음은 수상레저안전법상 수상레저사업 등록기준에 대한 설명이다. 괄호 안에 들어갈 숫자의 합으로 가장 옳은 것은? 20. 해경승진

> ㉠ 비상구조선은 탑승 정원이 (　　)명 이상, 속도가 시속 (　　)노트(knot) 이상이어야 한다.
> ㉡ 탑승 정원이 (　　)명 이상인 수상레저기구에는 그 탑승 정원의 (　　)% 이상에 해당하는 수의 구명튜브를 갖추어야 한다.

① 56 ② 57
③ 58 ④ 59

해설

빈칸에 들어갈 숫자의 합은 57이다.
㉠ 비상구조선은 탑승 정원이 <u>3</u>명 이상, 속도가 시속 <u>20</u>노트(knot) 이상이어야 하고, 다음의 장비를 갖추어야 한다.
㉡ 탑승 정원이 <u>4</u>명 이상인 수상레저기구(수상오토바이 및 워터슬레드는 제외한다)에는 그 탑승 정원의 <u>30</u>% 이상에 해당하는 수의 구명튜브를 갖추어야 한다.

49 다음은 수상레저안전법에 따른 일반조종면허 실기시험에 사용하는 수상레저기구에 대한 설명이다. 괄호 안에 들어갈 숫자를 모두 합한 것으로 옳은 것은? 20. 해경승진

선체	빗물·햇빛을 차단할 수 있도록 조종석에 지붕이 설치되어 있을 것		
길이	5 ~ 6m	전폭	2 ~ 3m
최대출력	(　　)마력 이상	최대속도	30노트 이상
탑승인원	(　　)인승 이상	기관	제한 없음

① 54 ② 63
③ 104 ④ 113

해설

빈칸에 들어갈 숫자의 합은 104이다.
☑ 일반조종면허 실기시험에 사용하는 수상레저기구

선체	빗물·햇빛을 차단할 수 있도록 조종석에 지붕이 설치되어 있을 것		
길이	5 ~ 6m	전폭	2 ~ 3m
최대출력	<u>100</u>마력 이상	최대속도	30노트 이상
탑승인원	<u>4</u>인승 이상	기관	제한 없음
부대장비	나침반(지름 100mm 이상) 1개, 속도계(MPH) 1개, RPM게이지 1개, 예비노, 소화기 및 자동정지줄		

50 다음은 수상레저안전법에 따른 일반조종면허 실기시험에 사용하는 수상레저기구에 대한 설명이다. 괄호 안에 들어갈 숫자로 가장 옳은 것은? 20. 해경승진

선체	빗물·햇빛을 차단할 수 있도록 조종석에 지붕이 설치되어 있을 것		
길이	5 ~ 6m	전폭	2 ~ 3m
최대출력	(A)마력 이상	최대속도	(B)노트 이상
탑승인원	4인승 이상	기관	제한 없음

    A   B

① 50   20

② 50   30

③ 100   20

④ 100   30

해설

A는 100, B는 30이다.

51 다음 중 수상레저안전법에 따른 일반조종면허 실기시험의 실격사유로 가장 옳지 않은 것은? 20. 해경승진

① 속도전환 레버 및 핸들의 조작 미숙 등 조종능력이 현저히 부족하다고 인정되는 경우

② 사고 예방과 시험 진행을 위한 시험관의 지시 및 통제에 따르지 않거나 시험관의 지시 없이 1회 이상 임의로 시험을 진행하는 경우

③ 3회 이상의 출발지시에도 출발하지 못하거나 응시자가 시험포기의 의사를 밝힌 경우

④ 이미 감점한 점수의 합계가 합격기준에 미달함이 명백한 경우

해설

사고 예방과 시험 진행을 위한 시험관의 지시 및 통제에 따르지 않거나 시험관의 지시 없이 2회 이상 임의로 시험을 진행하는 경우에는 시험을 중단하고 '실격'으로 한다.

52 다음 중 수상레저안전법상 수상레저사업에 대한 설명으로 가장 옳은 것은? 20. 해경

□□□
① 수상레저기구를 빌려주는 사업 또는 판매하는 사업이다.
② 영업구역이 둘 이상의 해양경찰서장 또는 시장·군수·구청장의 관할 지역에 걸쳐 있는 경우 지방해양경찰청장 또는 시·도지사에게 등록한다.
③ 수상레저사업 등록취소권자는 해양경찰서장 또는 시장·군수·구청장이다.
④ 수상레저사업자 또는 그 종사자가 고의로 사람을 사상한 때에는 반드시 수상레저사업 등록을 취소하여야 한다.

해설
① 수상레저사업이란 수상레저기구를 빌려 주는 사업 또는 수상레저활동을 하는 자를 수상레저기구에 태우는 사업을 말한다(수상레저안전법 제39조 제1항).
② 영업구역이 둘 이상의 해양경찰서장 또는 시장·군수·구청장의 관할 지역에 걸쳐 있는 경우 수상레저사업에 사용되는 <u>수상레저기구를 주로 매어두는 장소를 관할하는 해양경찰서장 또는 시장·군수·구청장에게 등록</u>한다(수상레저안전법 제39조 제1항 제3호).
④ 사안의 경우 수상레저사업의 등록을 취소하거나 3개월의 범위에서 영업의 전부 또는 일부의 정지를 명할 수 있다(수상레저안전법 제51조 제3호).

53 다음은 수상레저안전법 제36조에 따른 동력수상레저기구의 구조·장치의 변경에 대한 내용이다. 괄호 안에 들어 20. 해경

□□□
갈 말로 가장 바르게 짝지어진 것은?

해양수산부령으로 정하는 (㉠)에 영향을 미치는 구조·장치를 변경하려는 경우에는 해당 소유자가 제37조 제1항 제3호의 (㉡)에 합격한 후 (㉢)에게 변경등록을 신청하여야 한다.

	㉠	㉡	㉢
①	복원성	중간검사	시장·군수·구청장
②	복원성	임시검사	해양경찰서장
③	부양성	중간검사	해양경찰서장
④	부양성	임시검사	시장·군수·구청장

해설
㉠은 부양성, ㉡은 임시검사, ㉢은 시장·군수·구청장이다.

수상레저안전법
제36조【동력수상레저기구의 구조·장치의 변경】① 해양수산부령으로 정하는 부양성에 영향을 미치는 구조·장치를 변경하려는 경우에는 해당 소유자가 제37조 제1항 제3호의 임시검사에 합격한 후 시장·군수·구청장에게 변경등록을 신청하여야 한다.

54 수상레저안전법상 동력수상레저기구 조종면허를 받을 수 없는 결격사유에 대한 설명으로 가장 옳지 않은 것은?

20. 해경간부

① 정신질환자 중 수상레저활동을 할 수 없다고 인정되어 대통령령으로 정하는 자는 결격사유에 해당한다.
② 만 14세 미만은 모두 결격사유에 해당한다.
③ 마약 또는 대마중독자 중 수상레저활동을 할 수 없다고 인정되어 대통령령으로 정하는 자는 결격사유에 해당한다.
④ 수상레저안전법 제13조 제1항에 따라 조종면허가 취소된 날로부터 1년이 지나지 아니한 자는 결격사유에 해당한다.

해설

14세 미만인 경우에도 대통령령으로 정하는 체육 관련 단체에 동력수상레저기구의 선수로 등록된 사람은 조종면허의 취득이 가능하다 (수상레저안전법 제5조 제1항 제1호).

55 수상레저안전법 시행규칙상 야간 운항장비에 해당하는 것은 모두 몇 개인가?

20. 해경간부

㉠ 항해등	㉡ 나침반
㉢ 해도	㉣ 소화기
㉤ 위성항법장치	㉥ EPIRB
㉦ 구명튜브	㉧ 예비노
㉨ 레이더	

① 5개　　　　　　　　　　　② 4개
③ 3개　　　　　　　　　　　④ 2개

해설

지문의 내용 중 야간 운항장비에 해당하는 것은 ㉠㉡㉣㉤㉦이다.

> 수상레저안전법 시행규칙
> 제18조【야간 운항장비】① 법 제21조 제1항 단서에 따라 야간 수상레저활동을 하려는 사람이 갖추어야 하는 운항장비는 다음 각 호와 같다.
>   1. 항해등
>   2. 나침반
>   3. 야간 조난신호장비
>   4. 통신기기
>   5. 전등
>   6. 구명튜브
>   7. 소화기
>   8. 자기점화등
>   9. 위성항법장치
>   10. 등(燈)이 부착된 구명조끼

☑ EPIRB(Emergency Position Indication Radio Beacon) 비상위치지시용 무선표지설비

56 수상레저안전법에 규정된 내용 중 옳은 것은 모두 몇 개인가?

> ㉠ 동력수상레저기구 조종면허는 지방해양경찰청장이 발급한다.
> ㉡ 수상레저사업 등록을 위해서는 인명구조요원이 필요하며 인명구조요원은 해양경찰청장이 발급하는 인명구조요원자격증 또는 수상구조사 자격증을 보유하여야 한다.
> ㉢ 수상레저활동이란 수상에서 수상레저기구를 이용하여 취미·오락·체육·교육 등을 목적으로 이루어지는 활동을 말하며 수상은 해수면과 내수면을 말한다.
> ㉣ 수상레저사업을 하려는 자는 영업구역이 내수면이면 해당지역 관할 시장·군수·구청장, 해수면이면 해당지역 관할 해양경찰서장에게 등록하여야 한다.
> ㉤ 수상레저사업에 이용되는 모든 등록대상 동력수상레저기구는 등록 후 5년마다 정기검사를 받아야 한다.

① 2개　　　　　　　　　　　　　② 3개
③ 4개　　　　　　　　　　　　　④ 5개

해설

지문의 내용 중 옳은 것은 ㉢㉣이다.
㉠ 동력수상레저기구를 조종하는 자는 면허시험에 합격한 후 <u>해양경찰청장</u>의 동력수상레저기구 조종면허(이하 '조종면허'라 한다)를 받아야 한다(수상레저안전법 제4조 제1항).
㉡ 수상구조사 자격증은 해양경찰청장이 발급하지만, 인명구조요원 자격증은 해양경찰청장이 지정하는 수상레저 관련 기관이나 단체(교육기관)에서 교육과정을 마친 자에게 발급한다(수상에서의 수색·구조 등에 관한 법률 제30조의2 제3항, 수상레저안전법 시행령 제37조).
㉤ 검사 대상 동력수상레저기구 중 수상레저사업에 이용되는 동력수상레저기구는 <u>1년</u>마다, 그 밖의 동력수상레저기구는 5년마다 정기검사를 받아야 한다(수상레저안전법 제37조 제3항).

57 다음 중 수상레저안전법에 따른 수상레저활동자가 지켜야 하는 운항규칙으로 가장 옳지 않은 것은?

① 다이빙대·계류장 및 교량으로부터 20해리 이내의 구역에서는 10노트 이하의 속력으로 운항하여야 한다.
② 안개 등으로 인하여 가시거리가 0.5km 이내로 제한되는 경우에는 레이더 및 초단파(VHF) 통신설비를 갖추지 아니한 수상레저기구를 운항해서는 아니 된다.
③ 다른 수상레저기구의 진로를 횡단하는 경우에 충돌의 위험이 있을 때에는 다른 수상레저기구를 오른쪽에 두고 있는 수상레저기구가 진로를 피하여야 한다.
④ 다른 수상레저기구를 추월하려는 경우에는 추월당하는 수상레저기구를 완전히 추월하거나 그 수상레저기구에서 충분히 멀어질 때까지 그 수상레저기구의 진로를 방해하여서는 아니 된다.

해설

다이빙대·계류장 및 교량으로부터 <u>20m 이내</u>의 구역이나 해양경찰서장 또는 시장·군수·구청장(특별자치시의 경우에는 특별자치시장을, 특별자치도의 경우에는 특별자치도지사를 말하고, 서울특별시 한강의 경우에는 한강 관리에 관한 업무를 관장하는 기관의 장을 말한다. 이하 이 표에서 같다)이 지정하는 위험구역에서는 <u>10노트 이하</u>의 속력으로 운항해야 하며, 해양경찰서장 또는 시장·군수·구청장이 별도로 정한 운항지침을 따라야 한다(수상레저안전법 시행령 [별표 7]).

58 다음 중 수상레저안전법 시행령상 수상레저활동자가 지켜야 하는 운항규칙 중 가장 옳지 않은 것은?

21. 해경간부

① 다이빙대 · 계류장 및 교량으로부터 20m 이내의 구역에서는 10노트 이하의 속력으로 운항해야 한다.

② 안개 등으로 가시거리가 0.5km 이내로 제한되는 경우에는 레이더 및 초단파(VHF) 통신설비를 갖추고 수상레저기구를 운항해야 한다.

③ 다른 수상레저기구의 진로를 횡단하는 경우에 충돌의 위험이 있을 때에는 다른 수상레저기구를 오른쪽에 두고 있는 수상레저기구가 진로를 피해야 한다.

④ 다른 사람 또는 다른 수상레저기구의 안전을 위협하거나 수상레저기구의 소음기를 임의로 제거하거나 굉음을 발생시켜 놀라게 하는 행위를 해서는 안 된다.

해설

안개 등으로 가시거리가 0.5km 이내로 제한되는 경우에는 수상레저기구를 운항해서는 안 된다(수상레저안전법 시행령 [별표 7] 10).

59 다음은 수상레저안전법 제36조에 따른 동력수상레저기구의 구조 · 장치의 변경에 대한 내용이다. 괄호 안에 들어갈 말로 가장 바르게 짝지어진 것은?

21. 해경간부

> 해양수산부령으로 정하는 (㉠)에 영향을 미치는 구조 · 장치를 변경하려는 경우에는 해당 소유자가 제37조 제1항 제3호의 (㉡)에 합격한 후 (㉢)에게 변경등록을 신청하여야 한다.

	㉠	㉡	㉢
①	복원성	중간검사	시장 · 군수 · 구청장
②	복원성	임시검사	해양경찰서장
③	부양성	중간검사	해양경찰서장
④	부양성	임시검사	시장 · 군수 · 구청장

해설

해양수산부령으로 정하는 부양성에 영향을 미치는 구조 · 장치를 변경하려는 경우에는 해당 소유자가 제37조 제1항 제3호의 임시검사에 합격한 후 시장 · 군수 · 구청장에게 변경등록을 신청하여야 한다(수상레저안전법 제3조 제1항).

60 다음 중 유선 및 도선사업법의 목적으로 가장 옳은 것은?

① 유선사업 및 도선사업의 건전한 발전과 여객·화물의 원활한 운송을 도모하고 이용자의 편의를 향상시키고 국민경제의 발전과 공공복리의 증진에 이바지한다.

② 유선사업 및 도선사업의 안전과 질서를 확보하고 건전한 발전을 도모함을 목적으로 한다.

③ 유선 및 도선의 안전운항을 위한 안전관리체계를 확립하여 유선 및 도선 항행과 관련된 모든 위험과 장해를 제거함으로써 유선사업 및 도선사업 증진과 원활한 교통에 이바지함을 목적으로 한다.

④ 유선사업 및 도선사업에 관하여 필요한 사항을 정하여 유선 및 도선의 안전운항과 유선사업 및 도선사업의 건전한 발전을 도모함으로써 공공의 안전과 복리의 증진에 이바지함을 목적으로 한다.

해설

① 해운법의 제정목적이다.
② 수상레저안전법의 제정목적이다.
③ 해사안전법의 제정목적이다.

61 다음 중 유선 및 도선사업법에서 수상의 의미로 가장 옳은 것은?

① 바다의 수류나 수면을 말한다.

② 해수면과 내수면을 의미한다.

③ 해수면을 의미한다.

④ 수상레저안전법에서 말하는 수상의 의미와 그 내용을 달리한다.

해설

'수상'이란 내수면과 해수면을 말하며 수상레저안전법상의 수상과 동일한 개념이다(유선 및 도선 사업법 제2조 제4호).

62 다음 중 유선 및 도선사업법의 적용 배제사유에 해당하는 것을 모두 고르시오.

> ㉠ 해운법에 따른 내항여객운송사업 및 그 사업과 관련된 해상에서의 행위를 하는 경우
> ㉡ 체육시설의 설치·이용에 관한 법률에 따른 체육시설업 및 그 사업과 관련된 수상에서의 행위를 하는 경우
> ㉢ 낚시관리 및 육성법에 따른 낚시어선업 및 그 사업과 관련된 수상에서의 행위를 하는 경우
> ㉣ 마리나항만의 조성 및 관리 등에 관한 법률에 따른 마리나업 및 그 사업과 관련된 수상에서의 행위를 하는 경우

① ㉡, ㉣   ② ㉡, ㉢   ③ ㉠, ㉡, ㉢   ④ ㉡, ㉢, ㉣

해설

지문의 내용 중 유선 및 도선 사업법의 적용이 배제되는 경우는 ㉡㉢㉣이다(유선 및 도선 사업법 제2조의2).

> 유선 및 도선 사업법
> 제2조의2【적용배제】이 법은 다음 각 호의 경우에는 적용하지 아니한다.
>   1. 수상레저안전법에 따른 수상레저사업 및 그 사업과 관련된 수상에서의 행위를 하는 경우
>   2. 체육시설의 설치·이용에 관한 법률에 따른 체육시설업 및 그 사업과 관련된 수상에서의 행위를 하는 경우
>   3. 낚시 관리 및 육성법에 따른 낚시어선업 및 그 사업과 관련된 수상에서의 행위를 하는 경우
>   4. 마리나항만의 조성 및 관리 등에 관한 법률에 따른 마리나업 및 그 사업과 관련된 수상에서의 행위를 하는 경우
>   5. 수중레저활동의 안전 및 활성화 등에 관한 법률에 따른 수중레저사업 및 그 사업과 관련된 수상에서의 행위를 하는 경우

63 유선 및 도선사업법상 유·도선사업 면허의 결격사유로 가장 옳지 않은 것은?

19. 해경

① 유·도선사업의 면허가 취소된 후(미성년자·피성년후견인 또는 피한정후견인에 해당하여 면허가 취소된 경우는 제외) 1년이 지나지 아니한 자

② 이 법을 위반하여 금고 이상의 형을 선고받고 그 집행이 끝나거나 집행을 받지 아니하기로 확정된 날부터 2년이 지나지 아니한 사람

③ 미성년자·피성년후견인 또는 피한정후견인

④ 이 법, 선박안전법, 선박법, 선박직원법 선원법, 해사안전법, 물환경보전법 또는 해양환경관리법을 위반하여 금고 이상의 형의 집행유예를 선고받고 그 집행유예기간 중에 있는 사람

해설

유·도선사업의 면허가 취소된 후(미성년자·피성년후견인 또는 피한정후견인에 해당하여 면허가 취소된 경우는 제외) 2년이 지나지 아니한 자는 유·도선사업의 면허를 받거나 신고를 할 수 없다(유선 및 도선사업법 제6조 제1항 제4호).

64 유선 및 도선사업법상 유·도선사업자는 그 사업을 휴업 또는 폐업하거나 선박의 일부를 운항 중단하려면 관할관청에 미리 신고하여야 한다. 다음 중 유도선 사업의 휴업기간에 대하여 가장 옳은 것은?

20. 해경승진

① 유도선 모두 계속하여 6개월을 넘을 수 없다.

② 유도선 모두 계속하여 1년을 넘을 수 없다.

③ 도선은 계속하여 1년, 유선은 계속하여 6개월을 넘을 수 없다.

④ 도선은 계속하여 6개월, 유선은 계속하여 1년을 넘을 수 없다.

해설

휴업의 경우 휴업기간은 도선의 경우는 계속하여 6개월, 유선의 경우는 계속하여 1년을 넘을 수 없다(유선 및 도선 사업법 제7조 제5항).

65 다음은 유선 및 도선 사업법(시행령 포함)상 승객 등 승선자 전원에게 구명동의를 착용시켜야 하는 소형 유선의 규모에 대한 내용이다. 괄호 안에 들어갈 숫자로 가장 옳은 것은?

21. 해경간부

> 유선 및 도선 사업법 제12조 제4항에서 '대통령령으로 정하는 소형 유선'이란 총톤수 (   )t 미만의 선박 중 관할관청이 해당 영업구역의 수심·수세·운항거리 등을 고려하여 승객 등 승선자가 구명조끼를 착용할 필요가 있다고 인정하여 지정하는 선박을 말한다.

① 5   ② 10   ③ 15   ④ 20

해설

법 제12조 제4항에서 '대통령령으로 정하는 소형 유선' 및 법 제16조 제4항에서 '대통령령으로 정하는 소형 도선'이란 각각 총톤수 5t 미만의 선박 중 관할관청이 해당 영업구역의 수심(水深)·수세(水勢)·운항거리 등을 고려하여 승객 등 승선자가 구명조끼를 착용할 필요가 있다고 인정하여 지정하는 선박을 말한다(유선 및 도선 사업법 시행령 제10조).

정답 | 60 ④   61 ②   62 ④   63 ①   64 ④   65 ①

66 다음 중 유선 및 도선사업법에 의한 유·도선사업의 영업구역과 면허 관할 관청의 설명으로 가장 옳지 않은 것은?

① 영업구역이 둘 이상의 해양경찰서의 관할구역에 걸쳐 있고 운항거리가 5해리 이하인 경우에는 해양경찰서장이다.

② 영업구역이 둘 이상의 해양경찰서의 관할구역에 걸쳐 있고 운항거리가 5해리 이상인 경우에는 지방해양경찰청장이다.

③ 영업구역이 내수면과 해수면에 걸쳐 있는 경우에는 지방해양경찰청장이다.

④ 영업구역이 해수면인 경우에는 해당 유도선을 주로 매어두는 장소를 관할하는 해양경찰서장이다.

해설

사안의 경우, 해당 유·도선을 주로 매어두는 장소를 관할하는 해양경찰서장의 면허를 받아야 한다(유선 및 도선 사업법 제3조 제1항 제3호).

---

67 다음 중 유선 및 도선사업법에 따른 유·도선사업의 영업구역과 면허 관할 관청의 연결이 가장 옳지 않은 것은?

① 영업구역이 해수면인 경우: 해당 유·도선을 주로 매어두는 장소를 관할하는 해양경찰서장

② 영업구역이 둘 이상의 해양경찰서의 관할구역에 걸쳐 있고 운항거리가 5해리 이하인 경우: 해양경찰서장

③ 영업구역이 둘 이상의 해양경찰서의 관할구역에 걸쳐 있고 운항거리가 5해리 이상인 경우: 해양경찰서장

④ 영업구역이 내수면과 해수면에 걸쳐 있는 경우: 해양경찰서장

해설

영업구역이 내수면과 해수면에 걸쳐 있거나 둘 이상의 특별시·광역시·특별자치시·도 또는 특별자치도(이하 '시·도'라 한다)에 걸쳐 있는 경우: 해당 유·도선을 주로 매어두는 장소를 관할하는 특별시장·광역시장·특별자치시장·도지사 또는 특별자치도지사(이하 '시·도지사'라 한다) 또는 지방해양경찰청장의 면허를 받아야 한다(유선 및 도선 사업법 제3조 제1항 제1호).

---

68 해사안전법에 따른 대형 해양사고가 발생할 우려가 있는 해역에 교통안전특정해역을 설정할 수 있다. 다음 중 교통안전특정해역 설정권자로 가장 옳은 것은?

① 해양경찰청장

② 국토교통부장관

③ 해양수산부장관

④ 관할 경찰서장

해설

해양수산부장관은 대형 해양사고가 발생할 우려가 있는 해역(이하 '교통안전특정해역'이라 한다)을 설정할 수 있다(해사안전법 제10조 제1항).

69 해사안전법상 대통령령으로 정하는 수역에서는 해상교통의 안전에 장애가 되는 스킨다이빙, 스쿠버다이빙, 윈드서핑 등의 행위를 하여서는 아니 된다. 이러한 수역을 정하여 고시하는 사람으로 가장 옳은 것은? 19. 해경

① 해양경찰서장
② 지방해양경찰청장
③ 지방경찰청장
④ 해양경찰청장

해설

누구든지 항만법 제2조 제1호에 따른 항만의 수역 또는 어촌·어항법 제2조 제3호에 따른 어항의 수역 중 <u>대통령령으로 정하는 수역(해상안전 및 해상교통 여건 등을 고려하여 해양경찰서장이 정하여 고시하는 수역)</u>에서는 해상교통의 안전에 장애가 되는 스킨다이빙, 스쿠버다이빙, 윈드서핑 등 대통령령으로 정하는 행위를 하여서는 아니 된다(해사안전법 제34조 제3항, 해사안전법 시행령 제10조 제1항).

70 다음 중 해사안전법에 따라 해양경찰서장이 항만 수역 등에서 해양레저활동을 허가한 경우 그 허가의 취소사유로 가장 옳지 않은 것은? 20. 해경승진

① 항로나 정박지 등 해상교통 여건이 달라진 경우
② 허가 조건을 위반한 경우
③ 거짓이나 그 밖의 부정한 방법으로 허가를 받은 경우
④ 허가 후 3개월 이상 해양레저활동을 하지 않는 경우

해설

지문의 내용은 허가의 취소사유에 해당하지 않는다(해사안전법 제34조 제4항).

☑ **해양레저활동 허가의 취소사유**

> 해사안전법
> 제34조【항로 등의 보전】④ 해양경찰서장은 제3항에 따라 허가를 받은 사람이 다음 각 호의 어느 하나에 해당하면 그 허가를 취소하거나 해상교통안전에 장애가 되지 아니하도록 시정할 것을 명할 수 있다. 다만, 제3호에 해당하는 경우에는 그 허가를 취소하여야 한다.
> 1. 항로나 정박지 등 해상교통 여건이 달라진 경우
> 2. 허가 조건을 위반한 경우
> 3. 거짓이나 그 밖의 부정한 방법으로 허가를 받은 경우

71 해사안전법상 설명 중 가장 옳지 않은 것은?

① '고속여객선'이란 시속 15노트 이상으로 항행하는 여객선을 말한다.

② '거대선'이란 길이 200m 이상의 선박을 말한다.

③ '통항로'란 선박의 항행안전을 확보하기 위하여 한쪽 방향으로만 항행할 수 있도록 되어 있는 일정한 범위의 수역을 말한다.

④ '선박교통관제'란 선박이 통항하는 항로, 속력 및 그 밖에 선박 운항에 관한 사항을 지정하는 제도를 말한다.

해설
지문의 내용은 항로지정제도에 대한 설명이다(해사안전법 제2조 제20호). '선박교통관제'란 선박교통의 안전을 증진하고 해양환경과 해양시설을 보호하기 위하여 선박의 위치를 탐지하고 선박과 통신할 수 있는 설비를 설치·운영함으로써 선박의 동정을 관찰하며 선박에 대하여 안전에 관한 정보 및 항만의 효율적 운영에 필요한 항만운영정보를 제공하는 것을 말한다(선박교통관제에 관한 법률 제2조 제1호).

제4절 ㅣ 선박교통관제

01 선박교통관제에 관한 법률

72 다음 중 선박교통관제에 관한 법률상 관제대상선박으로 가장 옳지 않은 것은?

① 국제항해에 취항하는 선박

② 총톤수 300t 이상의 선박(다만, 어선법에 따른 어선 중 국내항 사이만을 항행하는 내항어선은 제외한다)

③ 해사안전법에 따른 위험화물운반선

④ 그 밖에 관할 선박교통관제구역에서 이동하는 선박의 특성 등에 따라 해양수산부장관이 고시하는 선박

해설
그 밖에 관할 선박교통관제구역에서 이동하는 선박의 특성 등에 따라 해양경찰청장이 고시하는 선박이 관제대상선박에 해당한다(선박교통관제에 관한 법률 제13조 제4호).

73 다음 중 선박교통관제에 관한 법률에 대한 내용으로 가장 옳지 <u>않은</u> 것은?

① '선박교통관제구역'이란 선박교통관제를 시행하기 위하여 해양경찰청장이 지방해양수산청장과 협의하여 고시하는 수역을 말한다.

② 해양경찰청장은 선박교통관제 기본계획을 시행하기 위하여 매년 선박교통관제 시행계획을 수립하여야 한다.

③ 선박교통관제사는 선박교통관제구역 내 해상기상상태, 항로상태, 해상교통량 및 해양사고 등을 고려하여 선박의 안전 확보를 위하여 필요하다고 판단되는 경우 선박의 입항·출항 및 이동시간을 조정할 수 있다.

④ 2019년에 제정된 선박교통관제에 관한 법률은 선박교통의 안전 및 항만운영의 효율성을 높이고 해양환경을 보호하는 데 이바지함을 목적으로 한다.

해설

'선박교통관제구역'이란 선박교통관제를 시행하기 위하여 해양경찰청장이 <u>해양수산부장관과 협의</u>하여 고시하는 수역을 말한다(선박교통관제에 관한 법률 제2조 제2호).

74 다음 〈보기〉의 선박교통관제에 관한 법률(시행령·시행규칙 포함)상 선박교통관제사가 선박교통관제를 시행할 때 따라야 할 단계별 절차가 옳은 것은?

〈보기〉
㉠ 선박교통관제사가 필요하다고 인정하거나 관제 대상선박에서 요구하는 경우 선박교통의 안전을 위해 필요한 정보를 제공
㉡ 관제대상선박에 선박교통의 안전을 위한 조치에 관한 조언·권고
㉢ 관제대상선박이 명백한 해양사고 위험에 처할 우려가 있는 경우 시정 또는 안전조치를 지시
㉣ 선박교통관제구역 내에서 관제대상선박이 해양사고 위험이 있는지 관찰·확인

① ㉣ → ㉠ → ㉡ → ㉢
② ㉣ → ㉡ → ㉢ → ㉠
③ ㉢ → ㉣ → ㉠ → ㉡
④ ㉠ → ㉣ → ㉡ → ㉢

해설

선박교통관제는 ㉣ → ㉠ → ㉡ → ㉢의 순서로 진행된다(선박교통관제에 관한 법률 시행규칙 제8조).

선박교통관제에 관한 법률 시행규칙
제8조【관제업무 절차】① 법 제19조에 따라 선박교통관제사는 다음 각 호의 단계별 절차에 따라 선박교통관제를 시행한다.
  1. 1단계(관찰·확인): 선박교통관제구역 내에서 관제대상선박이 해양사고 위험이 있는지 관찰·확인
  2. 2단계(정보제공): 선박교통관제사가 필요하다고 인정하거나 관제대상선박에서 요구하는 경우 선박교통의 안전을 위해 필요한 정보를 제공
  3. 3단계(조언·권고): 관제대상선박에 선박교통의 안전을 위한 조치에 관한 조언·권고
  4. 4단계(지시): 관제대상선박이 명백한 해양사고 위험에 처할 우려가 있는 경우 시정 또는 안전조치를 지시

75 다음 중 선박교통관제에 관한 법률에 대한 내용으로 가장 옳지 않은 것은?

21. 해경간부

① 2019년에 제정된 선박교통관제에 관한 법률은 선박교통의 안전 및 항만운영의 효율성을 높이고 해양환경을 보호하는 데 이바지함을 목적으로 한다.

② '선박교통관제구역'이란 선박교통관제를 시행하기 위하여 해양경찰청장이 지방해양수산청장과 협의하여 고시하는 수역을 말한다.

③ 해양경찰청장은 선박교통관제 기본계획을 시행하기 위하여 매년 선박교통관제 시행계획을 수립하여야 한다.

④ 선박교통관제사는 선박교통관제구역 내 해상기상상태, 항로상태, 해상교통량 및 해양사고 등을 고려하여 선박의 안전 확보를 위하여 필요하다고 판단되는 경우 선박의 입항·출항 및 이동시간을 조정할 수 있다.

해설

'선박교통관제구역'이란 선박교통관제를 시행하기 위하여 해양경찰청장이 <u>해양수산부장관과 협의</u>하여 고시하는 수역을 말한다(선박교통관제에 관한 법률 제2조 제2호).

02 선박교통관제 운영규칙

76 다음 중 선박교통관제 운영규칙상 녹음·녹화정보 및 각종일지의 보존기간으로 가장 옳은 것은?

21. 해경간부

① 관제통신 녹음정보 및 관제운영상황 녹화정보 30일, 근무일지 1년, 관제일지 3년
② 관제통신 녹음정보 및 관제운영상황 녹화정보 30일, 근무일지 3년, 관제일지 1년
③ 관제통신 녹음정보 및 관제운영상황 녹화정보 60일, 근무일지 1년, 관제일지 3년
④ 관제통신 녹음정보 및 관제운영상황 녹화정보 60일, 근무일지 3년, 관제일지 1년

해설

관제통신 녹음정보 및 관제운영상황 녹화정보의 보존기간은 60일, 근무일지의 보존기간은 1년, 관제일지의 보존기간은 3년이다(선박교통관제 운영규칙 제25조 제1항).

77 국제항해선박 및 항만시설의 보안에 관한 법률에 따른 선박식별번호를 표시하여야 하는 국제해양선박은?

20. 해경간부

① 모든 여객선
② 모든 화물선
③ 총톤수 50t 이상의 여객선
④ 총톤수 300t 이상의 화물선

해설

총톤수 100t 이상의 여객선, 총톤수 300t 이상의 화물선은 개별 선박의 식별이 가능하도록 부여된 번호(이하 '선박식별번호'라 한다)를 표시하여야 한다(국제항해선박 및 항만시설의 보안에 관한 법률 제18조 제1항).

01 다음 〈보기〉 중 범죄수사의 제(諸)원칙에 대한 내용으로 옳지 않은 것은 모두 몇 개인가?   21. 해경

□□□

〈보기〉

㉠ 범죄수사의 3대 원칙 – 신속착수의 원칙, 현장보존의 원칙, 민사사건불관여의 원칙
㉡ 수사실행의 5원칙 – 수사자료 완전수집의 원칙, 수사자료 감식·검토의 원칙, 적절한 추리의 원칙, 임의수사의 원칙, 사실판단 증명의 원칙
㉢ 범죄수사상의 준수원칙 – 선포후증(先捕後證)의 원칙, 법령준수의 원칙, 민중협력의 원칙, 종합수사의 원칙

① 없음
② 1개
③ 2개
④ 3개

해설

모두 틀린 지문이다.
㉠ 범죄수사의 3대 원칙에는 신속착수의 원칙, 현장보존의 원칙, 공중협력의 원칙이 있다.
㉡ 수사실행의 5원칙에는 수사자료 완전수집의 원칙, 수사자료 감식·검토의 원칙, 적절한 추리의 원칙, 검증적 수사의 원칙, 사실판단 증명의 원칙이 있다.
㉢ 범죄수사상의 준수원칙에는 선증후포(先證後捕)의 원칙, 법령준수의 원칙, 민중협력의 원칙, 종합수사의 원칙이 있다.

02 범죄첩보의 특징에 관한 다음 설명 중 가장 적절하지 않은 것은?   20. 해경

□□□

① 가치변화성은 수사기관의 필요성에 따라 가치가 달라지는 범죄첩보의 특징을 말한다.
② 여러 첩보가 서로 결합하여 이루어지는 범죄첩보의 특징을 결합성이라 한다.
③ 혼합성이란 범죄첩보가 단순한 사실의 나열이 아니라 그 속에 하나의 원인과 결과를 내포하고 있는 성질을 의미한다.
④ 범죄첩보는 수사 후 현출되는 결과가 있어야 한다는 설명은 시한성을 말한다.

해설

지문의 내용은 결과지향성에 대한 설명이다. 시한성이란 범죄첩보는 시간이 지남에 따라 가치가 감소되므로, 수집시기 및 내사착수 시기의 타이밍이 중요하다는 것과 관련이 있다.

 범죄첩보의 특징

구분	내용
시한성	범죄첩보는 시간이 지남에 따라 가치가 감소되므로, 수집시기 및 내사착수 시기의 타이밍이 중요하다.
가치변화성	범죄첩보는 일반인에게는 불필요한 내용이라고 하더라도 수사기관의 필요성에 따라 중요한 내용이 될 수도 있다.
결합성	각각의 범죄첩보는 서로 결합되고 가공되어져 더 구체적인 범죄첩보가 된다.
혼합성	범죄첩보는 단순한 사실의 나열이 아니고 그 속에 하나의 원인과 결과를 포함하고 있는 개념이다.
결과지향성	범죄첩보는 수사에 착수하여 사건으로 나타나야 한다. 범죄첩보가 사건으로서 결과를 얻지 못하면 범죄첩보로서의 가치는 떨어진다.

정답 | 01 ④   02 ④

03 범죄첩보의 특징에 관한 다음 설명 중 가장 적절하지 않은 것은?

① 가치변화성은 수사기관의 필요성에 따라 가치가 달라지는 범죄첩보의 특징을 말한다.

② 여러 첩보가 서로 결합하여 이루어지는 범죄첩보의 특징을 결합성이라 한다.

③ 혼합성이란 범죄첩보가 단순한 사실의 나열이 아니라 그 속에 하나의 원인과 결과를 내포하고 있는 성질을 의미한다.

④ 범죄첩보는 수사 후 현출되는 결과가 있어야 한다는 설명은 시한성을 말한다.

해설

지문의 내용은 결과지향성에 대한 설명이다. 시한성이란 범죄첩보는 시간이 지남에 따라 가치가 감소되므로, 수집시기 및 내사착수 시기의 타이밍이 중요하다는 것과 관련이 있다.

04 다음 수사의 구조론 중 규문적 수사관에 대한 설명으로 가장 옳지 않은 것은?

① 수사절차가 검사를 주재로 하는 수사관과 그 상대방인 피의자의 불평등 수직관계로 구성되어 있다고 보는 견해

② 영장은 허가장의 성격(피의자 신문을 위한 구인 허용)

③ 수사에 필요한 강제처분권은 수사의 주재자인 검사의 고유권한

④ 수사는 공판절차와는 별개의 절차로 파악하며 강제수사는 공소제기 전에만 허용

해설

지문의 내용은 소송적 수사관에 대한 설명이다.

☑ 수사의 구조

구분	내용
규문적 수사관	1. 수사란 수사기관이 피의자를 조사하는 절차이다. 2. 수사절차를 수사기관 중심으로 이해한다. 3. 수사기관과 피의자의 관계를 불평등·수직적 관계로 본다. 4. 강제처분은 수사기관의 고유한 기능이다. 5. 영장은 수사기관의 권한남용을 억제하기 위한 허가장의 성질을 가진다. 6. 피의자 신문을 위한 구인이 가능하다.
탄핵적 수사관	1. 수사는 수사기관이 단독으로 수행하는 공판의 준비단계이다. 2. 수사절차를 법원 중심으로 이해한다. 3. 판단자인 법원을 중심으로 수사기관과 피의자를 수평적·대등적 관계로 본다. 4. 수사기관에 의한 수사권 남용을 억제하는 것을 중요하게 생각한다. 5. 강제처분은 법원의 고유권한이다. 6. 영장은 법원의 명령장의 성질을 가진다. 7. 피의자 신문을 위한 구인은 허용되지 않는다.
소송적 수사관	1. 수사는 공판과 관계없는 독립적인 절차이다. 2. 수사는 범죄혐의에 대한 1차적 선별기능(공소제기 여부 결정)을 한다. 3. 수사절차는 소송구조와 유사하다고 본다. 4. 수사절차의 독자성을 중시한다. 5. 판단자인 검사를 정점으로 사법경찰관리와 피의자가 당사자로서 서로 대립하는 3면관계를 형성한다고 본다.

05 다음은 수사관의 수사 진행과정을 시간적 순서대로 나열한 것이다. 범죄수사규칙상 수사의 개시는 어느 단계에서 해야 하는가? 20. 해경승진

> ⊙ 범죄 첩보수집 → ⓛ 범죄의 혐의가 있다고 판단 → ⓒ 자료 및 증거물을 조사하여 객관적 범죄혐의가 드러남
> → ⓔ 피의자를 발견, 조사

① ⊙   ② ⓛ
③ ⓒ   ④ ⓔ

해설
내사단계에서 범죄 첩보를 수집한 후 범죄의 혐의가 있다고 판단되면 수사에 착수한다.

06 다음 중 범죄수사규칙에 따른 경찰관의 현행범인 체포에 대한 설명으로 가장 옳지 않은 것은? 20. 해경승진

① 현행범인을 인도받은 때에는 체포자로부터 성명, 주민등록번호, 주거, 직업, 체포일시·장소 및 체포의 사유를 청취하여 현행범인수서를 작성하여야 한다.
② 현행범인인 때에는 범행과의 시간적 접착성과 범행의 명백성이 인정되는 상황을 현행범인체포서 또는 인수서에 구체적으로 기재하여야 한다.
③ 준현행범인인 때에는 범행과의 관련성이 강하게 인정되는 상황을 현행범인체포서 또는 인수서에 구체적으로 기재하여야 한다.
④ 경찰관이 다른 해양경찰(경찰)관서의 관할구역 내에서 현행범인을 체포하였을 때에는 체포한 경찰관이 근무하는 해양경찰(경찰)관서에서 처리하는 것을 원칙으로 한다.

해설
경찰관이 다른 해양경찰관서의 관할구역 내에서 현행범인을 체포하였을 때에는 체포지를 관할하는 해양경찰관서에 인도하는 것을 원칙으로 한다(범죄수사규칙 제113조 제3항).

07 다음 중 범죄징표와 그 흔적을 연결한 것으로 가장 옳지 않은 것은? 20. 해경간부

① 자연현상에 의한 징표 – 물건의 이동 등
② 심리학적 특징에 의한 징표 – 범죄수법, 습관, 경력 등
③ 문서에 의한 징표 – 문자의 감정, 사용잉크의 감정 등
④ 생물학적 특징에 의한 징표 – 인상, 지문, 혈액형 등

해설
경력은 범인의 사회관계에 의한 범죄징표에 해당한다.

08 다음 중 범인의 속성을 추정할 수 있는 유류품으로 가장 옳은 것은? 20. 해경승진

① 유류된 편지나 낙서내용

② 족적의 위치

③ 족적의 상황

④ 유류품에 묻은 타액, 담배꽁초

해설

① 직접 범인을 추정할 수 있다.

② 범행상황을 추정할 수 있다.

③ 범인의 행동을 추정할 수 있다.

09 다음 중 범인의 속성을 추정할 수 있는 유류품으로 가장 옳은 것은? 20. 해경승진

① 먹다 남은 음식물의 치흔

② 유류품에 묻어 있는 지문

③ 족적의 위치

④ 족적의 상황

해설

② 유류품에 묻어 있는 지문을 통해 직접 범인의 추정이 가능하다.

③ 족적의 위치를 통해 범행상황 등을 추정할 수 있다.

④ 족적의 상황을 통해 범인·행동의 추정이 가능하다.

10 다음 중 살인사건의 경우 범인과 피해자와의 관계에 대하여 수사하는 기법으로 가장 옳은 것은? 18. 해경

① 지리감 수사

② 연고감 수사

③ 추적수사

④ 유류품 수사

해설

연고감 수사란 범인의 친척, 가족, 친구 등 서로 친분관계가 있는 사람들의 행적을 수사하는 것을 말한다.

11 다음 중 수사활동에 대한 설명으로 옳은 것은 모두 몇 개인가?

> ㉠ 지리감 수사는 평소 관내 우범자 동향 등 기초자료 수집이 중요하다.
> ㉡ 유류품 수사에서는 유류품과 범행과의 관계, 유류품과 피해자의 관계, 유류품과 현장과의 관계, 유류품과 범행시
>   와의 관계에 착안점을 둔다.
> ㉢ 장물수사 중 특정장물의 발견을 목적으로 하거나 또는 특정범인에 관한 장물의 발견을 목적으로 하는 수사를 특
>   별수사라 한다.
> ㉣ 알리바이 수사시에는 기억의 문제, 가능성의 문제, 시간과 장소의 문제 등에 착안점을 둔다.

① 1개
② 2개
③ 3개
④ 4개

해설

지문의 내용 중 옳은 것은 ㉠㉢㉣이다.
㉡ 유류품 수사에서는 유류품과 범행과의 관계, 유류품과 범인의 관계, 유류품과 현장과의 관계, 유류품과 범행시와의 관계에 착안점을
둔다.

12 다음 중 지문과 관련된 설명으로 가장 옳지 않은 것은?

① 지문은 피부가 융기한 선이나 유두선 또는 융선이라 정의되나 이는 손가락의 말절부, 중절, 기절, 장측면, 수장면
   및 족장지와 족장측에도 존재하여 통상적으로 손가락 말절 장측부(지두내면) 융선의 문형을 지문이라 호칭하고
   있다.
② 잠재지문채취법 중 고체법은 분말법이라고도 하며, 미세한 분말을 지문이 인상되었다고 생각되는 물체에 도포해서
   잠재지문에 부착시킨 후 검출하는 방법이다.
③ 부패된 시체의 손가락은 에틸알코올 등의 약품에 담근 후 화장지로 습기를 제거하고 표피를 엄지손가락에 부착한
   다음 지문잉크를 묻혀 압날한다.
④ 혈액이 묻은 손가락으로 물체를 만졌을 때 착색된 부분이 융선이라면 이는 역지문으로 볼 수 있다.

해설

지문의 내용은 정상지문에 대한 설명이다. 역지문에서는 고랑부분이 착색되고 융선부분은 착색되지 않는다.

13 다음 〈보기〉 중 잠재지문의 채취방법과 현출되는 색깔의 연결이 옳지 않은 것은 모두 몇 개인가? 21. 해경

<보기>

ⓐ 닌히드린 용액법 - 자청색
ⓑ 요오드증기 검출법 - 다갈색
ⓒ 강력순간접착제법 - 흑색
ⓓ 오스믹산 용액법 - 백색
ⓔ 초산은 용액법 - 자색

① 없음
② 1개
③ 2개
④ 3개

해설

지문의 내용 중 옳지 않은 것은 ⓒⓓ이다.
ⓒ은 백색, ⓓ은 흑색이 현출된다.

☑ **잠재지문의 채취방법과 현출되는 색깔**

구분	내용
닌히드린(ninhydrin) 용액법	• 닌히드린 용액법은 주로 지류나 백색계통 나무의 지문현출을 위해 사용되는 용액으로 땀 속에 함유되어 있는 아미노산에 닌히드린을 작용시켜 자청색의 발색(發色)반응을 시키는 방법을 말한다. • 검체의 상태에 따라 적시거나 도포한 후 자외선 램프로 1분간 가열시킨다.
요오드증기 검출법 (옥도가스에 의한 검출법)	옥도가스를 사용하여 잠재지문(분비물)의 지방분에 작용시켜 다갈색으로 착색되어 지문을 검출하는 방법을 말한다.
강력순간접착제법 (본드법)	강력순간접착제법은 주성분인 시아노아크릴레이트(Cyanoacrylate) 증기를 이용하여 여기서 발생된 증기가 지문 속에 함유되어 있는 염분, 지방분, 단백질 등과 화학반응을 일으켜서 백색의 잠재지문을 검출하는 방법을 말한다.
오스믹산(osmic acid) 용액법)	오스믹산의 증기에 의해 지문의 분비물에 화학반응을 일으켜서 흑색의 잠재지문을 검출하는 방법을 말한다.
초산은 용액법	초산은 용액을 땀 속에 함유되어 있는 염분과 작용시켜 태양광선에 쪼여서 자색(紫色)으로 지문을 검출하는 방법을 말한다. 초산은 용액은 지류나 백목류에서 잠재지문을 현출키 위해 사용되는 용액으로 지두의 분비물 중 염분, 단백질과 화학반응으로 암자색의 지문이 현출된다.

14 다음 중 잠재지문 채취방법에 대한 설명으로 가장 옳지 않은 것은? 20. 해경승진

① 오스믹산 용액법은 습기 있는 종이류, 단기간 내의 지문, 나무 잎사귀 등에 유류된 지문 분비물에 화학반응을 일으켜 흑색의 잠재지문을 채취한다.
② 옥도가스에 의한 검출법은 잠재지문의 지방분에 작용시켜 다갈색으로 착색, 지문을 검출하는 방법으로, 검출된 지문은 퇴색되므로 신속히 촬영해야 한다.
③ 강력순간접착제법(CA법)은 접착제의 증기가 염분, 지방분, 단백질 등과 화학반응을 일으켜 백색의 지문이 현출된다.
④ 닌히드린 용액법은 땀 속에 함유되어 있는 아미노산 성분에 닌히드린 시약을 작용시켜 자청색의 발색반응을 시키는 방법으로 종이 등과 같은 다공질물질에서 주로 지문을 채취하는 데 사용된다.

해설

오스믹산 용액법은 습기 있는 종이류, 장기간 경과된 문서, 나무 잎사귀 등에 유류된 지문 분비물에 화학반응을 일으켜 흑색의 잠재지문을 채취한다.

15 다음 중 시체의 후기현상에 대한 설명으로 가장 옳지 않은 것은?　20. 경찰, 21. 경찰간부

① 사망으로 혈액순환이 정지됨에 따라 중력에 의해 적혈구가 낮은 곳으로 가라앉아 혈액침하현상이 발생하여 시체하부의 피부가 암적갈색으로 변화한다.

② 부패균의 산화작용과 환원작용에 의하여 부패가 발생한다.

③ 시체밀랍은 화학적 분해에 의해 고체형태의 지방산 혹은 그 화합물로 변화한 상태이다.

④ 미이라화(mummification)는 고온·건조지대에서 시체의 건조가 부패·분해보다 빠를 때 생기는 현상이다.

해설
지문의 내용은 시체얼룩(시반)에 대한 내용으로 시체의 초기현상에 대한 설명이다.

16 다음 중 변사체의 검시시 유의사항으로 옳지 않은 것은 모두 몇 개인가?　20. 해경승진

> ㉠ 변사체 검시의 주체는 검사 또는 사법경찰관이다.
> ㉡ 변사자의 유족이 부검을 원치 않을 때에는 부검을 하지 않는다.
> ㉢ 추락사, 교통사고, 시체, 표류익사체에 대한 검시의 경우 발생신고 접수 12시간 이내에 시체를 유족에게 인도하여야 한다.
> ㉣ 행정검시는 발생보고 → 검안 → 행정검시명령 → 검시 → 유족에게 시체인도 → 종결의 순으로 한다.
> ㉤ 시체를 인수할 자가 없거나 그 신원이 판명되지 아니한 때에는 시체 주민등록상 주소지의 구청장에게 인도한다.

① 2개　　　　　　　　　　　　② 3개
③ 4개　　　　　　　　　　　　④ 5개

해설
모두 옳지 않은 지문이다.
㉠ 사법경찰관은 변사자 검시의 주체가 아니다. 변사체 검시의 주체는 검사이다.
㉡ 변사자의 유족이 부검을 원치 않더라도 변사자의 의심이 있는 사체에 대해서는 반드시 검시를 하여야 한다.
㉢ 추락사, 교통사고 시체에 대한 검시의 경우 발생신고 접수 12시간 이내에 시체를 유족에게 인도하여야 한다. 표류익사체는 제외된다.
㉣ 행정검시는 발생보고 → 행정검시명령 → 검안 → 검시 → 유족에게 시체인도 → 종결의 순으로 한다.
㉤ 사망자에 대하여 등록이 되어 있는지 여부가 분명하지 아니하거나 사망자를 인식할 수 없는 때에는 경찰공무원은 검시조서를 작성·첨부하여 지체 없이 사망지의 시·읍·면의 장에게 사망의 통보를 하여야 한다(가족관계의 등록 등에 관한 법률 제90조 제1항).

17 다음 중 장물의 처분시 비정상적인 처분경로로 가장 옳지 않은 것은? 20. 해경승진

> ㉠ 채무변제용으로 사용
> ㉡ 친지에게 증여
> ㉢ 도박자금으로 사용
> ㉣ 고물상 등을 통한 매각

① ㉠　　　　　　　　　　　　　　　② ㉡
③ ㉢　　　　　　　　　　　　　　　④ ㉣

해설
지문의 내용 중 장물의 비정상적 처분경로에 해당하는 것은 ㉠㉡㉢이다.
정상적 처분경로에 해당하는 것은 ㉣이다.

18 다음 중 마약류에 대한 설명으로 옳지 않은 것은 모두 몇 개 인가? 20. 해경승진

> ㉠ S정은 중추신경에 작용하여 골격근 이완의 효과가 있는 근골격계 질환치료제인 카리소프로돌(Carisoprodol)을 말한다.
> ㉡ 영국에서 식욕감퇴제로 개발된 LSD는 곡물의 곰팡이, 보리 맥각에서 추출한 물질을 인공적으로 합성시켜 만들어낸 것으로 무색, 무취하나, 신맛이 난다.
> ㉢ 한외마약으로는 코데날, 코데솔, 코데잘, 코카인, 유코데, 세코날 등이 있다.
> ㉣ 양귀비는 천연마약, 해시시는 대마, 옥시코돈은 반합성마약으로 분류된다.

① 1개　　　　　　　　　　　　　　② 2개
③ 3개　　　　　　　　　　　　　　④ 4개

해설
지문의 내용 중 옳지 않은 것은 ㉡㉢이다.
㉡ 독일에서 식욕감퇴제로 개발된 것은 MDMA(엑스터시)다. LSD는 곡물의 곰팡이, 보리 맥각에서 추출한 물질을 인공적으로 합성시켜 만들어낸 것으로 무색, 무취, 무미의 특성을 가진다.
㉢ 코카인은 마약에 해당한다(마약류 관리에 관한 법률 제2조 제2호 다목).

19 불기소처분 중 '죄가 안 됨' 사유에 해당하지 않는 것은? 18. 해경

① 정당방위인 경우
② 심신상실자인 경우
③ 피의사실이 피의자의 행위인지 아닌지 명확하지 않은 경우
④ 친족이 본인을 위해 증거인멸의 죄를 범한 경우

해설
죄가 안 됨은 피의사실이 범죄구성요건에는 해당하지만 법률상 범죄의 성립을 조각하는 사유가 있어 범죄를 구성하지 않는 경우를 말하며 정당방위, 긴급피난, 심신상실 등의 사유가 있다.

20 다음 중 피의사건에 대하여 범죄의 혐의가 인정되고 소송조건이 구비되었으나 범인의 연령, 성행, 지능과 환경, 피해자에 대한 관계, 범행의 동기, 범행 후의 정황 등을 참작하여 공소를 제기하지 아니하는 불기소처분으로 가장 옳은 것은?

20. 해경

① 기소유예 ② 공소보류
③ 기소중지 ④ 참고인중지

해설

문제의 내용은 기소유예에 대한 설명이다.

21 다음 중 임의수사에 해당하는 것은 모두 몇 개인가?

19. 해경

㉠ 피의자 신문	㉡ 감정유치
㉢ 압수 · 수색 · 검증	㉣ 참고인 조사
㉤ 실황조사	㉥ 출석요구

① 5개 ② 4개
③ 3개 ④ 2개

해설

지문의 내용 중 임의수사에 해당하는 것은 ㉠㉣㉤㉥이다.
㉡㉢은 강제수사에 해당한다.

22 다음 중 수사의 종결처분에 대한 설명으로 가장 옳지 않은 것은?

20. 해경간부

① 협의의 불기소처분을 할 수 있는 경우에는 '혐의 없음', '죄가 안됨', '공소권 없음' 등이 있다.
② 피의사실이 범죄구성요건에 해당하나 위법성조각사유나 책임조각사유가 있어 범죄를 구성하지 아니하는 경우 수사 종결처분은 '혐의 없음'이다.
③ 현행법상 수사의 종결권은 원칙적으로 검사에게만 인정된다.
④ 고소 또는 고발이 있는 사건에 관하여 '혐의 없음', '죄가 안됨', '공소권 없음'의 사유에 해당함이 명백한 경우 수사 종결처분은 '각하'이다.

해설

사안의 경우 죄가 안 됨으로 수사종결한다. 혐의 없음은 범죄구성요건에 해당하지 않는 경우 행하는 수사 종결처분이다.

23 다음 중 형사소송법상 긴급체포의 요건 중 가장 옳지 않은 것은?

20. 해경간부

① 피의자가 증거를 인멸할 염려가 있는 때

② 피의자가 도망하거나 도망할 우려가 있을 때

③ 긴급을 요하여 판사의 체포영장을 발부받을 시간적 여유가 없을 때

④ 피의자가 사형·무기 또는 장기 2년 이상의 징역이나 금고에 해당하는 죄를 범하였다고 의심할 만한 상당한 이유가 있을 때

해설

긴급체포의 경우 피의자가 사형·무기 또는 장기 3년 이상의 징역이나 금고에 해당하는 죄를 범하였다고 의심할 만한 상당한 이유가 있어야 한다(형사소송법 제200조의3 제1항).

24 다음 중 해양경찰수사규칙상 고소·고발사건의 수사기간으로 괄호 안에 들어갈 가장 알맞은 말을 고르시오.

21. 해경간부

> 사법경찰관리는 고소·고발을 수리한 날부터 (   ) 이내에 수사를 마쳐야 한다.

① 1개월   ② 2개월

③ 3개월   ④ 6개월

해설

사법경찰관리는 고소·고발을 수리한 날부터 3개월 이내에 수사를 마쳐야 한다(해양경찰수사규칙 제24조 제1항).

25 (해양경찰청) 범죄수사규칙상 영해 안에 있는 외국 선박 내에서 발생한 범죄로서 수사에 착수해야 하는 경우로 가장 옳지 않은 것은?

19. 해경

① 승무원 이외의 사람과 관계가 있을 때

② 경미한 범죄가 발생하였을 때

③ 대한민국 육상이나 항내의 안전을 해할 때

④ 대한민국의 국민에 관계가 있을 때

해설

사안의 경우 수사를 해야 하는 경우에 해당하지 않는다(범죄수사규칙 제188조).

> (해양경찰청) 범죄수사규칙
> 제188조 【외국 선박 내의 범죄】 경찰관은 대한민국의 영해에 있는 외국 선박 내에서 발생한 범죄로써 다음 각 호의 어느 하나에 해당할 때에는 수사를 해야 한다.
> 1. 대한민국 육상이나 항내의 안전을 해할 때
> 2. 승무원 이외의 사람이나 대한민국의 국민에 관계가 있을 때
> 3. 중대한 범죄가 발생하였을 때

26 (해양경찰청) 수사긴급배치규칙상 긴급배치종별 사건 범위 중 을호에 해당하는 내용으로 가장 옳지 않은 것은?

21. 해경간부

① 총기 대량의 탄약 및 폭발물 절도

② 5,000만원 이상 다액절도

③ 중요 상해치사

④ 국보급 문화재 절도

해설

사안의 경우 갑호에 해당한다.

☑ 긴급배치종별 사건 범위

갑호	을호
1. 살인, 강도, 강간, 약취유인 방화사건 2. 그 밖에 중요사건 　　인사사고를 동반한 선박충돌 도주사건, 총기 대량의 탄약 및 폭발물 절도, 구인 또는 구속 피의자 도주	1. 중요 상해치사 2. 5,000만원 이상 다액절도, 관공서 및 국가 중요시설 절도, 국보급 문화재 절도 3. 그 밖에 해양경찰관서장이 중요하다고 판단하여 긴급배치가 필요하다고 인정하는 사건

27 다음은 (해양경찰청) 피의자 유치 및 호송규칙상 유치인 접견에 대한 설명이다. 괄호 안에 들어갈 숫자의 합으로 가장 옳은 것은?

21. 해경간부

> 유치인의 접견 시간은 1회에 (　　)분 이내로, 접견횟수는 1일 (　　)회 이내로 하여 접수순서에 따라 접견자의 수를 고려 균등하게 시간을 배분해야 한다. 다만, 변호인과의 접견은 예외로 한다.

① 31　　　　　　　　　　　② 33

③ 61　　　　　　　　　　　④ 63

해설

유치인의 접견 시간은 1회에 30분 이내로, 접견횟수는 1일 3회 이내로 하여 접수순서에 따라 접견자의 수를 고려 균등하게 시간을 배분해야 한다. 다만, 변호인과의 접견은 예외로 한다[(해양경찰청) 피의자 유치 및 호송규칙 제38조 제3항].

2022 해커스경찰 이상훈 해양경찰학개론 기출문제집

01 다음 중 정보에 대한 학자들의 정의로 가장 옳지 않은 것은?　　　　　20. 해경승진

① 클라우제비츠 – 적과 적국에 관한 지식의 총체이다.
② 데이비스 – 받아들이는 사람에게 필요한 형태로 처리된 데이터이다.
③ 셔먼 켄트 – 지식이며 조직이고 활동이다.
④ 아브람 슐스키 – 정책결정자나 정책시행자를 위해 수집, 조직화, 분석된 지식이다.

해설

아브람 슐스키는 '정보란 국가안보 이익을 극대화하고 실제적 또는 잠재적 적대세력의 위험을 취급하는 정부의 정책수립과 정책의 구현과 연관된 자료이다'라고 정의하였다.

02 다음 정보가치에 대한 평가기준 중 옳은 것을 모두 고른 것은?　　　　　20. 해경승진

> ㉠ 적실성: 정보가 당면 문제와 관련되어 있는 성질(적합성 또는 관련성)
> ㉡ 정확성: 정보가 사실과 일치되는 성질
> ㉢ 적시성: 정보가 정책결정이 이루어지는 시점에 비추어 가장 적절한 시기에 존재하는 성질. 정보는 작성자가 필요한 때 제공되어야 함
> ㉣ 완전성: 정보가 국가정책의 결정과정에 사용될 때 국익증대와 안보추구라는 차원에서 객관적 입장을 유지해야 한다는 것을 의미. 생산자나 사용자의 의도에 따라 정보가 주관적으로 왜곡하면 안 됨

① ㉠, ㉢, ㉣　　　　　　　　　　　　② ㉠, ㉡, ㉢
③ ㉠, ㉡　　　　　　　　　　　　　④ ㉢, ㉣

해설

지문의 내용 중 옳은 것은 ㉠㉡이다.
㉢ 정보는 사용자가 필요한 때 제공되어야 한다.
㉣ 지문의 내용은 객관성에 대한 설명이다. 완전성이란 제시된 주제와 관련하여 얼마나 완전한 내용의 정보가 제공되느냐에 대한 평가요소이다.

03 다음 중 정보가치의 평가기준에 대한 설명으로 가장 옳은 것은?

20. 해경

① 완전성: 정보가 당면 문제와 관련되어 있는 성질
② 정확성: 정보가 사실과 일치되는 성질
③ 적실성: 정보가 정책결정이 이루어지는 시점에 비추어 가장 적절한 시기에 존재하는 성질
④ 적시성: 정보가 그 자체로 정책결정에 필요하고 가능한 모든 내용을 망라하고 있는 성질

해설
① 적실성(관련성)에 대한 설명이다.
③ 적시성에 대한 설명이다.
④ 완전성에 대한 설명이다.

04 다음 정보의 효용에 대한 내용으로 가장 옳게 연결된 것은?

20. 해경승진

① 형식효용 - 정보가 필요한 사람들에게 필요한 만큼 제공될 수 있게 통제되어야 한다.
② 소유효용 - 정보는 정보를 필요로 하는 시점에 제공되어야 효용성이 높다.
③ 통제효용 - 정보는 정보사용자의 요구에 맞는 형태에 부합될수록 효용성이 높다.
④ 접근효용 - 정보는 사용자가 접근을 하기 쉽게 해야 효용성이 높다.

해설
① 통제효용에 대한 설명이다.
② 시간효용에 대한 설명이다.
③ 형식효용에 대한 설명이다.

05 다음은 정보의 분석형태에 따른 분류이다. 괄호 안에 들어갈 말을 바르게 배열한 것은?

19. 해경

• (㉠): 기본적·서술적 또는 일반 자료적 유형의 정보
• (㉡): 현실의 동적인 사항에 관한 정보
• (㉢): 특정문제를 체계적이며 실증적으로 연구하여 미래에 있을 상태로 추리, 평가한 정보

	㉠	㉡	㉢
①	기본정보	판단정보	현용정보
②	현용정보	기본정보	판단정보
③	기본정보	직접정보	적극정보
④	기본정보	현용정보	판단정보

해설
지문의 내용은 셔먼 켄트가 정보의 분석형태를 기준으로 정보를 분류한 것이다. ㉠은 기본정보, ㉡은 현용정보, ㉢은 판단정보에 대한 설명이다.

06 다음 중 정보를 분석형태에 따라 분류할 때 가장 옳은 것은? 20. 해경승진

① 직접정보, 간접정보
② 기본정보, 현용정보
③ 적극정보, 보안정보
④ 전략정보, 전술정보

해설

정보의 분석형태를 기준으로 기본정보, 현용정보, 판단정보로 구분할 수 있다.
①은 입수형태, ③은 대상(사용목적), ④는 사용수준을 기준으로 하는 구분이다.

07 다음 중 정보의 순환과정을 4단계로 분류할 때 가장 옳은 것은? 20. 해경승진

① 첩보의 요구 – 정보의 수집 – 정보의 생산 – 정보의 배포
② 정보의 요구 – 첩보의 수집 – 정보의 생산 – 정보의 배포
③ 정보의 요구 – 첩보의 수집 – 정보의 생산 – 첩보의 배포
④ 첩보의 요구 – 첩보의 수집 – 정보의 생산 – 정보의 배포

해설

정보의 대순환 과정은 정보의 요구 → 첩보의 수집 → 정보의 생산 → 정보의 배포 순서로 진행된다.

08 다음은 정보요구방법이다. 가장 올바르게 짝지어진 것은? 19. 해경

① PNIO – 각 정보부서에서 맡고 있는 정책을 수행함에 있어 필요한 일반적·포괄적 정보로서 계속적이고 반복적으로 수집해야 할 필요가 있는 경우
② EEI – 급변하는 정세의 변화에 따라 불가피하게 정책상 수정이 필요하거나 또는 이를 위한 자료가 절실히 요구될 때 필요한 경우
③ SRI – 어떤 수시적 돌발상황의 해결에 필요한 한도 내에서 임시적·단편적·지역적인 특수사건을 단기에 해결하기 위하여 필요한 경우
④ OIR – 국가안전보장이나 정책에 관련되는 국가정보목표의 우선순위로서, 정부에서 기획된 연간 기본정책을 수행함에 있어 필요로 하는 자료들을 목표로 하여 선정하는 경우

해설

①은 EEI, ②는 OIR, ④는 PNIO에 대한 설명이다.

09 다음 아래의 상황에 따른 정보요구방법이 가장 올바르게 연결된 것은?

> ㉠ 각 정보부서에 맡고 있는 정책을 수행함에 있어서 필요한 일반적·포괄적 정보로 계속적이고 반복적으로 수집해야 할 필요가 있는 경우
> ㉡ 어떤 수시적 돌발상황의 해결에 필요한 한도 내에서 임시적·단편적·지역적인 특수사건을 단기에 해결하기 위하여 필요한 경우
> ㉢ 정세의 변화에 따라 불가피하게 정책상 수정이 요구되거나 이를 위한 자료가 절실히 요구되는 경우

	㉠	㉡	㉢
①	EEI	PNIO	OIR
②	EEI	SRI	OIR
③	SRI	PNIO	OIR
④	EEI	OIR	SRI

해설

㉠은 EEI, ㉡은 SRI, ㉢은 OIR에 대한 설명이다.

10 다음 중 첩보 출처의 개척 및 첩보 입수시 고려해야 할 사항으로 가장 옳지 않은 것은?

① 수집할 첩보에 맞는 가능한 출처를 감안하여 결정한다.
② 입수한 정보의 진실성을 점검할 수 있도록 이중출처를 개척 활용한다.
③ 접근이 쉽고 신뢰성 있는 출처를 개발한다.
④ 공개 자료는 사용 즉시 폐기한다.

해설

당장 사용할 필요가 없는 자료는 가급적 그 양을 최소화하여 기록·보관한다. 또한 필요한 자료만을 선별적으로 보관하여야 하며, 필요할 때 신속하고 용이하게 사용할 수 있도록 기록하여 보관해야 한다.

11 다음 중 첩보수집의 우선순위 결정시 고려해야 할 기준이 아닌 것은?

① 고이용정보 우선의 원칙
② 참신성의 원칙
③ 긴급성의 원칙
④ 배포가능성의 원칙

해설

첩보수집의 우선순위 결정시 고려해야 할 기준에는 고이용정보 우선의 원칙, 참신성의 원칙, 긴급성의 원칙, 수집가능성의 원칙, 경제성의 원칙이 있다.

12 다음 〈보기〉는 정보의 배포수단에 관한 내용이다. 가장 바르게 짝지어진 것은?

〈보기〉

㉠ 정보사용자가 공식회의나 행사 등에 참석하고 있어 물리적 접촉이 용이하지 않거나 사실 확인 차원의 단순보고에 주로 활용된다.

㉡ 정보사용자 또는 다수 인원에서 신속히 전달하는 경우에 이용되는 방법으로 강연식이나 문답식으로 진행되며, 현용정보의 배포수단으로 많이 이용된다.

㉢ 정보분석관이 가장 많이 활용하는 방법으로 정기간행물에 포함시키는 것이 적절하지 못한 긴급한 정보를 전달하는 데 주로 사용되며, 신속성이 중요하다.

㉣ 매일 24시간에 걸친 경제, 사회, 문화 등 제반 정세의 변화를 중점적으로 망라한 보고서로 사전에 고안된 양식에 의해 매일 작성되며, 제한된 범위에서 배포된다.

	㉠	㉡	㉢	㉣
①	휴대폰 문자메시지	브리핑	메모	특별보고서
②	메모	전화	휴대폰 문자메시지	특별보고서
③	메모	전화	휴대폰 문자메시지	일일정보보고서
④	휴대폰 문자메시지	브리핑	메모	일일정보보고서

해설

㉠은 휴대폰 문자메시지, ㉡은 브리핑, ㉢은 메모, ㉣은 일일정보보고서에 대한 설명이다.

---

13 다음 중 정보생산자와 정보사용자의 관계에 있어 정보생산자의 장애요인으로 가장 옳지 않은 것은?

① 시간적 제약
② 편향적 분석
③ 판단의 불명확성
④ 적합성의 문제

해설

사안은 정보사용자로부터의 장애요인에 해당한다.

☑ 정보생산자로부터의 장애요인

구분	내용
다른 정보와의 경쟁	신문, 방송 및 인터넷 등을 통해 수많은 정보들이 거의 실시간으로 전파되고 있으며, 기업 정보부서, 증권가 등의 신설 정보지 등과도 경쟁한다.
편향적 분석의 문제	정보분석관의 객관적 분석의 결여, 정보기관의 집단적 편견 등이 정보순환과정 실패의 주요원인이다.
적시성의 문제	정책결정자의 수요에 맞추어 제시간에 정보보고서를 제출할 수 있어야 하며, 완벽한 보고서를 만든다고 시간변수를 간과한다면 좋은 정보보고서를 만들 수 없다.
적합성의 문제	정책결정자의 소요(필요)에 부합되지 않는다면 정책수립에 도움이 될 수 없다.
판단의 불명확성	정보의 속성상 정보는 애매하고 불명확한 사안을 다루고 있어 여러 가능성을 언급하는 경우가 많다.

14 다음 방첩수단 중 적극적 방첩에 해당하는 것을 모두 고르시오.

19. 해경

㉠ 시설보안의 확립	㉡ 보안업무 규정화
㉢ 적에 대한 첩보수집	㉣ 대상인물 감시
㉤ 적의 첩보공작 분석	㉥ 정보 및 자재보안의 확립

① ㉣, ㉤, ㉥
② ㉡, ㉢, ㉣
③ ㉠, ㉣, ㉤
④ ㉢, ㉣, ㉤

해설

지문의 내용 중 적극적 방첩수단에 해당하는 것은 ㉢㉣㉤이다.
㉠㉡㉥은 소극적 방첩수단에 해당한다.

---

15 다음 중 방첩수단을 적극적 · 소극적 · 기만적 수단으로 분류할 경우, 소극적 방첩수단으로 가장 옳지 않은 것은?

20. 해경승진

① 인원보안의 확립
② 입법사항 건의
③ 보안업무 규정화
④ 첩보수집

해설

지문의 내용은 적극적 방첩수단에 해당한다.

☑ **방첩의 수단**

구분	내용
적극적 방첩수단	① 적에 대한 첩보수집 ② 침투공작 전개 ③ 적의 첩보공작 분석 ④ 대상인물 감시 ⑤ 간첩신문 ⑥ 역용공작: 검거된 간첩을 전향시켜 충성, 협력할 것을 서약받은 후 역용가치가 있을 경우에는 그 간첩을 활용하여 적의 첩보수집과 다른 간첩을 검거하는 데 이용하는 것
소극적 방첩수단	① 정보 및 자재보안의 확립 ② 인원보안의 확립 ③ 시설보안의 확립 ④ 보안업무 규정화 확립 ⑤ 입법사항 건의
기만적 방첩수단 (심리전의 중요한 수단)	① 허위정보의 유포: 사실을 허위 · 날조하여 우리가 기도하고 있는 바를 적이 오인하도록 하는 방법 ② 양동간계시위: 거짓행동을 적에게 시위함으로써 우리가 기도한 바를 적이 오인 · 판단하도록 하는 방법 ③ 유언비어 유포: 유언비어를 유포하여 적이 오인하도록 하는 방법

16 다음 중 공작의 4대 요소에 해당하는 것으로 옳은 것은 모두 몇 개인가? 21. 해경간부

㉠ 공작금	㉡ 공작원
㉢ 연락관	㉣ 주관자

① 4개　　　　　　　　　　　② 3개

③ 2개　　　　　　　　　　　④ 1개

해설

지문의 내용 중 공작의 4대 요소에 해당하는 것은 ㉠㉡㉣이다. 공작의 4대 요소에는 주관자, 공작원, 공작목표, 공작금이 있다.

17 다음 〈보기〉는 심리전의 일종인 선전에 대한 설명이다. 괄호 안에 들어갈 내용으로 가장 옳은 것은? 21. 해경

〈보기〉

(㉠)(이)란 출처를 공개하고 행하는 선전을 말하고, (㉡)(이)란 출처를 위장하고 행하는 선전을 말하며, (㉢)(이)란 출처를 밝히지 않고 행하는 선전을 말한다.

	㉠	㉡	㉢
①	흑색선전	백색선전	회색선전
②	회색선전	흑색선전	백색선전
③	백색선전	회색선전	흑색선전
④	백색선전	흑색선전	회색선전

해설

㉠은 백색선전, ㉡은 흑색선전, ㉢은 회색선전에 대한 설명이다.

18 다음 국가보안법위반 범죄 중 반국가단체의 구성원이나 그 지령을 받은 자가 그 범죄의 주체가 될 수 없는 것으로 가장 옳은 것은? 20. 해경승진

① 목적수행죄

② 자진지원죄

③ 금품수수죄

④ 반국가단체구성죄

해설

자진지원죄의 경우 반국가단체의 구성원이나 그 지령을 받은 자가 아닌 자만 주체가 될 수 있다(국가보안법 제5조 제1항).

19 남북교류협력에 관한 법률에 따를 때 괄호 안에 들어갈 말이 바르게 연결된 것은?

> • 남한의 주민이 북한을 방문하려면 (㉠)의 방문승인을 받아야 한다.
> • 남한과 북한간 거래는 (㉡)의 거래로 본다.
> • 북한으로 물품 등을 반출하려는 자는 (㉢)의 승인을 받아야 한다.

	㉠	㉡	㉢
①	대통령	민족내부	통일부장관
②	대통령	국가간	국가정보원장
③	통일부장관	민족내부	통일부장관
④	통일부장관	국가간	국가정보원장

해설

㉠은 통일부장관, ㉡은 민족내부, ㉢은 통일부장관이다.

> 남북교류협력에 관한 법률
> 제9조【남북한 방문】① 남한의 주민이 북한을 방문하거나 북한의 주민이 남한을 방문하려면 대통령령으로 정하는 바에 따라 통일부장관의 방문승인을 받아야 하며, 통일부장관이 발급한 증명서(이하 '방문증명서'라 한다)를 소지하여야 한다.
> 제12조【남북한 거래의 원칙】남한과 북한간의 거래는 국가간의 거래가 아닌 민족내부의 거래로 본다.
> 제13조【반출·반입의 승인】① 물품 등을 반출하거나 반입하려는 자는 대통령령으로 정하는 바에 따라 그 물품 등의 품목, 거래형태 및 대금결제 방법 등에 관하여 통일부장관의 승인을 받아야 한다. 승인을 받은 사항 중 대통령령으로 정하는 주요 내용을 변경할 때에도 또한 같다.

20 다음 중 외교사절이라 할지라도 접수국의 재판권에 복종하여야 하는 경우로 가장 옳은 것은?

① 접수국 내에 사적으로 소유하고 있는 부동산에 관한 소송
② 출근시 그의 승용차가 교통법규를 위반하여 행인에게 상해를 가한 경우
③ 외교관이 접수국의 내란음모에 가담한 경우
④ 접수국에서 상습적으로 범죄를 범한 경우

해설

외교사절이라 할지라도 일정한 경우에는 민사재판권으로부터 면제되지 않는다. 개인부동산에 관한 소송, 상속에 관한 소송, 공무 이외의 영업 및 상업 활동에 관한 소송에 대해서는 접수국의 재판관할권이 인정된다.

21 해양경찰 직무집행의 근거는 국내법으로 해양경비법, 경찰관 직무집행법 등이 있으며, 국제법으로는 UN해양법 협약 등이 있다. 다음 중 UN해양법협약에 대한 내용으로 가장 옳지 않은 것은?

19. 해경

① 영해, 접속수역, 배타적 경제수역 등에 관한 사항이 규정되어 있다.

② 추적권은 중단 없이 계속되어야 하므로, 피의선박이 다른 나라 영해에 들어가도 계속될 수 있다.

③ 추적권은 연안국의 주권적 권리가 미치는 수역에서 자기 나라의 법령을 위반하였다고 믿을만한 충분한 이유가 있을 때에는 그 추적을 영해 밖까지 할 수 있는 권리이다.

④ 공해에 있는 군함은 기국외의 어떠한 국가의 관할권으로부터도 완전히 면제된다.

해설

추적권은 추적당하는 선박이 그 국적국 또는 제3국의 영해에 들어감과 동시에 소멸한다(UN해양법협약 제11조 3).

22 다음 중 해양법에 관한 국제연합 협약에 따른 영해에 대한 설명 중 가장 옳지 않은 것은?

20. 해경승진

① 영해의 바깥한계는 기선상의 가장 가까운 점으로부터 영해의 폭과 같은 거리에 있는 모든 점을 연결한 선으로 한다.

② 대한민국 영해는 해안선으로부터 측정하여 그 바깥쪽 12해리의 선까지에 이르는 해역으로 한다.

③ 연안국의 주권은 영토와 내수 밖의 영해라고 하는 인접해역, 군도국가의 경우에는 군도수역 밖의 영해라고 하는 인접해역에까지 미친다.

④ 이러한 연안국의 주권은 상공·해저 및 하층토에까지 미친다.

해설

대한민국의 영해는 기선(基線)으로부터 측정하여 그 바깥쪽 12해리의 선까지에 이르는 수역(水域)으로 한다(영해 및 접속수역법 제1조).

23 다음은 해양법에 관한 국제연합 협약에 관한 설명이다. 옳은 것은?

20. 해경승진

① 통항이라 함은 내수에 들어가지 아니하거나 내수 밖의 정박지나 항구시설에 기항하지 아니하고 영해를 횡단하는 것 또는 내수를 향하여 또는 내수로부터 항진하거나 또는 이러한 정박지나 항구시설에 기항하는 것을 목적으로 영해를 지나서 항행함을 말한다.

② 통항은 계속적 또는 신속하여야 한다.

③ 배타적 경제수역에서의 연안국의 권리에는 해역의 상공, 해저의 상부수역, 인공섬, 해수 및 그 하층토의 생물이나 무생물 등 천연자원의 탐사, 개발 보존 및 관리를 목적으로 하는 주권적 권리가 있다.

④ 무해통항은 모든 선박 및 항공기에 인정되는 권리로써 연안국의 평화, 질서 및 안전을 해하지 않고 영해를 항해하는 것이다. (영해에서 인정)

해설

② 통항은 계속적이고 신속하여야 한다(해양법에 관한 국제연합 협약 제18조 2).

③ 해역의 상공에 대한 권리는 인정되지 않는다. 배타적 경제수역에서 연안국은 해저의 상부수역, 해저 및 그 하층토의 생물이나 무생물 등 천연자원의 탐사, 개발, 보존 및 관리를 목적으로 하는 주권적 권리와, 해수·해류 및 해풍을 이용한 에너지생산과 같은 이 수역의 경제적 개발과 탐사를 위한 그 밖의 활동에 관한 주권적 권리다음의 권리와 의무를 갖는다(해양법에 관한 국제연합 협약 제56조 1. (a)).

④ 항공기는 무해통항권이 인정되지 않는다. 연안국이거나 내륙국이거나 관계없이 모든 국가의 선박은 이 협약에 따라, 영해에서 무해통항권을 향유한다(해양법에 관한 국제연합 협약 제17조).

24 다음은 해양법에 관한 국제연합 협약에 관한 설명이다. 옳은 것은 모두 몇 개인가?

□□□

> ⊙ 통항이라 함은 내수에 들어가지 아니하거나 내수 밖의 정박지나 항구시설에 기항하지 아니하고 영해를 횡단하는 것 또는 내수를 향하여 또는 내수로부터 항진하거나 또는 이러한 정박지나 항구시설에 기항하는 것을 목적으로 영해를 지나서 항행함을 말한다.
> ⓛ 통항은 계속적이고 신속하여야 한다.
> ⓒ 배타적 경제수역에서의 연안국의 권리에는 해역의 상공, 해저의 상부수역, 인공섬, 해수 및 그 하층토의 생물이나 무생물 등 천연자원의 탐사, 개발 보존 및 관리를 목적으로 하는 주권적 권리가 있다.
> ② 무해통항은 모든 선박 및 항공기에 인정되는 권리로써 연안국의 평화, 질서 및 안전을 해하지 않고 영해를 항해하는 것이다(영해에서 인정).

① 1개   ② 2개
③ 3개   ④ 4개

해설

지문의 내용 중 옳은 것은 ⊙ⓛ이다.
ⓒ <u>해역의 상공에 대한 권리는 인정되지 않는다.</u> 배타적 경제수역에서 연안국은 <u>해저의 상부수역, 해저 및 그 하층토의 생물이나 무생물 등 천연자원의 탐사, 개발, 보존 및 관리를 목적으로 하는 주권적 권리</u>와, 해수·해류 및 해풍을 이용한 에너지생산과 같은 이 수역의 경제적 개발과 탐사를 위한 그 밖의 활동에 관한 주권적 권리다음의 권리와 의무를 갖는다(해양법에 관한 국제연합 협약 제56조 1. (a)).
② <u>항공기는 무해통항권이 인정되지 않는다.</u> 연안국이거나 내륙국이거나 관계없이 <u>모든 국가의 선박</u>은 이 협약에 따라, 영해에서 무해통항권을 향유한다(해양법에 관한 국제연합 협약 제17조).

25 다음 중 해양법에 관한 국제연합 협약(United Nations Convention on the Law of the Sea)상 통항의 의미에 대한 내용으로 가장 옳지 않은 것은?

□□□

① 통항이라 함은 내수에 들어가지 아니하거나 내수 밖의 정박지나 항구시설에 기항하지 아니하고 영해를 횡단하는 것 또는 내수를 향하여 또는 내수로부터 항진하거나 또는 이러한 정박지나 항구시설에 기항하는 것을 목적으로 영해를 지나서 항행함을 말한다.
② 통항은 계속적이거나 신속하여야 한다.
③ 정선이나 닻을 내리는 행위가 통상적인 항행에 부수되는 경우 통항에 포함된다.
④ 불가항력이나 조난으로 인하여 필요한 경우, 또는 위험하거나 조난상태에 있는 인명·선박 또는 항공기를 구조하기 위한 경우에는 통항에 포함된다.

해설

통항은 <u>계속적이고 신속하여야 한다.</u> 다만, 정선이나 닻을 내리는 행위가 통상적인 항행에 부수되는 경우, 불가항력이나 조난으로 인하여 필요한 경우, 또는 위험하거나 조난상태에 있는 인명·선박 또는 항공기를 구조하기 위한 경우에는 통항에 포함된다(해양법에 관한 국제연합 협약 제18조 2).

26 다음 중 영해 및 접속수역법(시행령 포함)에 대한 내용으로 옳은 것은 모두 몇 개인가?

> ㉠ 지리적 특수사정이 있는 수역의 경우에는 대통령령으로 정하는 기점을 연결하는 직선을 기선으로 할 수 있다.
> ㉡ 영해의 폭을 측정하기 위한 통상의 기선은 대한민국이 공식적으로 인정한 대축척해도에 표시된 해안의 저조선으로 한다.
> ㉢ 대한민국의 접속수역은 해안선으로부터 측정하여 그 바깥쪽 24해리의 선까지에 이르는 수역에서 대한민국의 영해를 제외한 수역으로 한다.
> ㉣ 달만갑, 소령도는 우리나라 영해를 직선기선으로 하는 수역에 있어서의 기점이다.

① 1개
② 2개
③ 3개
④ 4개

해설

지문의 내용 중 옳은 것은 ㉠㉡㉣이다.
㉢ 대한민국의 접속수역은 <u>기선으로부터 측정</u>하여 그 바깥쪽 24해리의 선까지에 이르는 수역에서 대한민국의 영해를 제외한 수역으로 한다. 다만, 대통령령으로 정하는 바에 따라 일정수역의 경우에는 기선으로부터 24해리 이내에서 접속수역의 범위를 따로 정할 수 있다(영해 및 접속수역법 제3조의2).

27 다음 중 출입국관리법의 규정을 적용하여 내국인에게만 취할 수 있는 조치로 가장 옳은 것은?

① 출국금지
② 출국정지
③ 통고처분
④ 보호조치

해설

지문의 내용 중 국민에게만 취할 수 있는 조치는 출국금지이다(출입국관리법 제4조).

28 다음 중 출입국관리법상 외국인에게 취할 수 있는 조치로 옳은 것은 모두 몇 개인가?

> ㉠ 강제퇴거   ㉡ 고발
> ㉢ 보호   ㉣ 입국금지
> ㉤ 출국금지   ㉥ 출국명령
> ㉦ 출국정지   ㉧ 통고처분

① 5개
② 6개
③ 7개
④ 8개

해설

지문의 내용 중 외국인에게 취할 수 있는 조치에는 ㉠(제46조), ㉡(제101조), ㉢(제51조), ㉣(제11조), ㉥(제68조), ㉦(제29조), ㉧(제102조)이다. ㉤(제4조)은 국민에게 취할 수 있는 조치에 해당한다.

29 다음 〈보기〉 중 출입국관리법 위반시 외국인에게만 취할 수 있는 조치는 모두 몇 개인가?

□□□

〈보기〉	
㉠ 출국금지	㉡ 입국금지
㉢ 출국정지	㉣ 고발조치
㉤ 강제퇴거	㉥ 출국명령
㉦ 통고처분	㉧ 출국권고

① 1개　　　　　　　　　　② 3개

③ 5개　　　　　　　　　　④ 7개

해설

지문의 내용 중 외국인에게만 취할 수 있는 조치는 ㉡(제11조), ㉢(제29조), ㉤(제46조), ㉥(제68조), ㉧(제67조)이다.
㉠(제4조)은 국민에게, ㉣(제101조)과 ㉦(제102조)은 국민과 외국인 모두에게 취할 수 있는 조치에 해당한다.

30 출입국관리법상 상륙허가 기간이 잘못 연결된 것은?(단, 기간 연장은 없음)

□□□

① 긴급상륙허가 – 30일 이내

② 난민임시상륙허가 – 180일 이내

③ 재난상륙허가 – 30일 이내

④ 승무원상륙허가 – 15일 이내

해설

난민임시상륙허가는 90일 이내의 범위에서 허가할 수 있다(출입국관리법 제16조의2 제1항).

31 다음은 국제형사사법 공조의 기본원칙 중 어떤 원칙에 대한 설명인가?

> 중국에서 죄를 범하고 한국으로 도망 온 A에 대해 한국법은 동죄를 처벌하지 않으므로 중국경찰의 소재수사에 관한 형사공조 요청에 응할 수 없다.

① 쌍방가벌성의 원칙
② 상호주의
③ 군사범인도의 원칙
④ 특정성의 원칙

해설
지문의 내용은 쌍방가벌성의 원칙에 대한 설명이다.

☑ **국제형사사법 공조의 원칙**

구분	내용
상호주의 (제4조)	공조조약이 체결되어 있지 아니한 경우에도 동일하거나 유사한 사항에 관하여 대한민국의 공조요청에 따른다는 요청국의 보증이 있는 경우에는 이 법을 적용한다.
쌍방가벌성의 원칙	국제형사사법 공조의 대상이 되는 범죄는 피요청국과 요청국 모두에서 처벌이 가능한 범죄이어야 한다.
특정성의 원칙	요청국이 공조에 의하여 취득한 증거를 공조요청의 대상이 된 범죄 이외의 수사나 재판에 사용하여서는 안 된다는 의미와 피요청국의 증인 등이 공조요청에 따라 요청국에 출두한 경우 피요청국을 출발하기 이전의 행위로 인해 구금·소추를 비롯한 어떠한 자유도 제한받지 않는다는 의미를 포함한다.

32 다음 중 국제경찰공조에 대한 설명으로 가장 옳지 않은 것은?

① '적색수배서'는 일반 형법을 위반하여 체포영장이 발부된 범죄인에 대하여 그 인도를 목적으로 발행한다.
② '황색수배서'는 가출인의 소재확인 또는 기억상실자의 신원확인을 목적으로 발행한다.
③ '상호주의'는 요청국이 공조에 따라 취득한 증거를 공조요청한 범죄 이외의 범죄에 관한 수사나 재판에 사용하여서는 아니 된다는 원칙을 말한다.
④ '쌍방가벌성의 원칙'은 형사사법공조의 대상이 되는 범죄는 피요청국과 요청국 모두에서 처벌 가능한 범죄이어야 한다는 원칙을 말한다.

해설
지문의 내용은 특정성의 원칙에 대한 설명이다.

다음 괄호 안에 들어갈 인터폴 국제수배서의 명칭을 바르게 배열한 것은?

> ㉠ (　　　) 수배자의 신원과 소재 확인을 우해 발행
> ㉡ (　　　) 일반 형법을 위반하여 체포영장이 발부된 범죄인에 대해 범인인도를 목적으로 발행
> ㉢ (　　　) 가출인의 소재확인 또는 기억상실자 등의 신원을 파악할 목적으로 발행

	㉠	㉡	㉢
①	적색수배	청색수배	녹색수배
②	적색수배	청색수배	황색수배
③	청색수배	적색수배	녹색수배
④	청색수배	적색수배	황색수배

해설

지문은 인터폴에서 발행하는 국제수배서에 대한 설명이다. ㉠은 청색수배서, ㉡은 적색수배서, ㉢은 황색수배서에 대한 설명이다.

☑ **국제수배서의 종류**

구분	내용
적색수배서 (국제체포 수배서 · Red Notice)	① 일반형법을 위반하여 체포영장이 발부된 범죄인에 대하여 범죄인 인도를 목적으로 하는 경우에 발행 ② 범죄인 인도조약이 체결된 국가의 경찰이 피수배자를 발견한 때 긴급인도구속 가능함
청색수배서 (국제정보조회 수배서 · Blue Notice)	① 일반형법 위반자로 범죄인 인도를 요청할 가능성이 있는 자의 신원과 소재파악을 위해 발행(수배자의 도피처가 명확한 경우에 한하여 발행) ② 피수배자의 소재 · 신원확인시는 사무총장 및 수배요청국에 통보하여 외교정차를 밟아 해결
녹색수배서 (상습국제범죄자 수배서 · Green Notice)	① 여러 국가에서 상습적으로 범행하였거나 범행할 우려가 있는 국제범죄자의 동향을 파악하여 사전에 그 범행을 방지할 목적으로 발행 ② 전과의 정도, 범죄의 종류, 국제범죄조직원 여부 등을 고려하여 중요한 국제적 범죄자라고 판단되는 경우에 한하여 발행 ③ 상습 국제범죄자 발견시 계속 동향을 감시하여 범죄행위를 사전에 예방조치하고, 어떤 범법행위가 있으면 사무총국 및 수배요청국에 통보하여 외교절차를 통해 해결
황색수배서 (가출인 수배서 · Yellow Notice)	가출인 소재확인 또는 기억상실자 등의 신원을 확인할 목적으로 발행
흑색수배서 (사망자 수배서 · Black Notice)	① 사망자의 신원을 확인할 수 없거나 사망자가 가명을 사용하였을 경우 정확한 신원을 파악할 목적으로 발행 ② 사체의 사진과 지문 · 치아상태 · 문신 등 신체적 특징, 의복 및 소지품의 상표 등 사망자의 신원파악에 도움이 될 수 있는 자료가 수록되어 있음
장물 수배서 (Stolen Property Notice)	① 도난당하거나 또는 불법으로 취득한 것으로 보이는 물건, 문화재 등에 대해 수배하는 것 ② 상품적 가치 및 문화적 가치 등을 고려하여 발행되며 장물의 특징과 사진 등이 첨부되어 있음
자주색수배서 (범죄수법 수배서, Purple Notice)	① 사무총국에서는 국제수배서의 한 종류로 분류하고 있으나 단순한 범죄정보의 자료라 할 수 있음 ② 세계 각국에서 범인들이 범행시 사용한 새로운 범죄수법 등을 사무총국에서 집중 관리하여 각 회원국에 배포
오렌지색수배서 (보안경고서)	폭발물 · 테러범(위험인물) 등에 대하여 보안을 경고하기 위하여 발행
INTERPOL-United Nations Security Council Special Notice	UN 안전보장이사회 제재위원회(UN Security Council Sanctions Committees)의 의결대상이 된 집단이나 개인에 대하여 발행하는 수배서

34 다음의 경우 사용할 수 있는 인터폴 국제수배서는? · 19. 해경

> 서해지방해양경찰청 목포해양경찰서 형사계에 근무하는 박 경위는 목포항 인근에서 국적불명의 변사체를 발견하고, 그 소지품 등을 조사하였으나 신분증이 없어 신원을 확인할 수 없다.

① 적색수배서
② 황색수배서
③ 흑색수배서
④ 청색수배서

해설
사망자의 신원확인을 위해 발행하는 수배서는 흑색수배서이다.

35 다음 중 상습적으로 범행하였거나 범행할 우려가 있는 국제범죄자의 동향을 파악하여 범행을 방지할 목적으로 발행되는 것은? 20. 해경승진

① 녹색수배서
② 청색수배서
③ 황색수배서
④ 흑색수배서

해설
상습적으로 범행하였거나 범행할 우려가 있는 국제범죄자의 동향을 파악하여 범행을 방지할 목적으로 발행되는 수배서는 녹색수배서이다.

제1절 | 서설

01 다음 중 오일펜스를 전장하는 목적으로 가장 옳지 않은 것은?   18. 해경

① 유출유의 확산 방지

② 유출유로부터 환경민감지역(어장, 양식장 등)의 보호

③ 유출유의 자연방산을 촉진

④ 유출유의 회수효율 향상

해설

유출유의 자연방산을 촉진하는 것은 오일펜스와 관련이 없다.

02 다음 설명과 가장 관련 있는 방제장비 및 기자재는?

> • 바다에 유출된 기름을 기계적으로 직접 흡입하여 수거하는 방식이다.
> • 흡착식, 위어식 그리고 진공식 등이 있다.
> • 화학약품을 사용하지 않아 2차적 오염의 위험이 없고, 단시간에 많은 기름을 회수할 수 있다는 장점이 있다.

① 유흡착제　　　　② 유처리제　　　　③ 오일펜스　　　　④ 유회수기

해설

지문의 내용은 유회수기에 대한 설명이다.

☑ **방제장비와 방제자재 및 약제**

구분	내용
오일펜스	① 커텐형 오일펜스: 스커트가 유연한 재질로 구성되는 펜스로 고형식, 강제팽창식, 자동팽창식이 있다. ② 펜스형 오일펜스: 스커트가 고정되거나 판넬로 구성된 펜스 ③ 특수목적용 오일펜스: 해안용, 내화용, 넷트형 **스커트** 유류가 오일펜스 밑으로 빠져나가는 것을 방지하기 위해 부력체 아래 부분에 위치한 차단막
유회수기	1. 해상에 유출된 유류를 흡입 또는 흡착방식으로 수거하는 장비이다. 2. 유류를 회수하는 원리는 물과 유류의 비중차, 유류의 점성 및 유동하는 특성 등을 이용해 유출된 유류를 회수한다. 유회수기는 동력부, 회수부, 이송부(펌프와 호스)로 구성되어 있으며, 회수유 저장장치, 유출유 포집장치, 원격조정장치, 자항장치, 호스 릴등을 추가로 설치 가능하다.
유흡착재	흡착재는 해상에서 유출된 오염물질을 흡수 또는 흡착하여 회수하는 물질로서 유출량이 적거나 좁은 지역에서 회수기의 사용이 곤란한 경우, 양식장 및 산란지 등 민감해역에서 방제작업이 제한된 경우에 주로 사용한다. 매트형, 롤형, 쿠션형, 붐형 및 로프형 등이 있다.
유처리제	유처리제의 의한 분산처리방법은 해상에서 발생하는 각종 유출사고시 물리적인 수거가 불가능할 경우에 오염에 민감한 지역의 피해를 사전에 대응하기 위해 제한적으로 사용되는 유출유 방제방법이다. 유출사고로 인한 생태계의 피해를 감소시키고 예측되는 각종 위험을 최소화하려는 데 그 사용목적이 있다.

03 다음은 방제장비 및 기자재에 대한 설명이다. 가장 옳은 것은?

> ㉠ 해상에 유출된 오염물질의 확산 방지, 해양환경 민감해역 보호 및 확산된 오염물질의 포집에 사용된다.
> ㉡ 종류로는 커튼형, 펜스형, 특수 목적용이 있다.

① 유흡착재　　　　　　　② 유처리제
③ 오일펜스　　　　　　　④ 유회수기

해설

사안은 오일펜스에 대한 설명이다.

제2절 | 해양환경관리법

04 다음 중 해양환경관리법에 대한 내용으로 가장 옳지 않은 것은? 20. 경찰, 21. 경찰간부

① 대통령령이 정하는 배출기준을 초과하는 오염물질이 해양에 배출되거나 배출될 우려가 있다고 예상되는 경우 해당 오염물질이 적재된 선박의 선장은 지체 없이 해양경찰청장 또는 해양경찰서장에게 이를 신고하여야 한다.

② 대통령령이 정하는 배출기준을 초과하는 오염물질을 해양에 배출한 자(방제의무자)는 배출된 오염물질에 대하여 대통령령이 정하는 바에 따라 오염물질의 배출방지, 배출된 오염물질의 확산방지 및 제거 등의 조치를 하여야 한다.

③ 해양경찰청장은 방제의무자의 방제조치만으로는 오염물질의 대규모 확산을 방지하기가 곤란하거나 긴급방제가 필요하다고 인정하는 경우에는 직접 방제조치를 하여야 한다.

④ 해양경찰청장은 해양수산부장관과 협의하여 지역의 자율적인 해양오염방제 기능을 강화하기 위하여 수산업협동조합법 제15조에 따른 어촌계에 소속된 어업인, 지역주민 등으로 해양자율방제대를 구성·운영할 수 있다.

해설

사안의 경우 해양수산부장관과의 협의에 관해서는 명시적인 규정이 없다. 해양경찰청장은 지역의 자율적인 해양오염방제 기능을 강화하기 위하여 수산업협동조합법 제15조에 따른 어촌계에 소속된 어업인, 지역주민 등으로 해양자율방제대를 구성·운영할 수 있다(해양환경관리법 제68조의2 제1항).

05 다음 중 해양환경관리법 시행령상 해양경찰청장 소속 해양환경감시원의 임무로 가장 옳지 않은 것은? 21. 해경간부

① 해양공간에 대한 수질 및 오염원 조사활동
② 해양오염방제업자 및 유창청소업자가 운영하는 시설에 대한 검사·지도
③ 해양시설에서의 방제선 등의 배치·설치 및 자재·약제의 비치 상황에 관한 검사
④ 오염물질의 배출 또는 배출혐의가 있다고 인정된 경우 조사활동 및 감식·분석을 위한 오염시료 채취 등

해설

사안은 해양수산부장관 소속 해양환경감시원의 직무에 해당한다(해양환경관리법 시행령 제90조 제2항 제1호 다목).

☑ **해양환경감시원의 임무**

해양수산부장관 소속 해양환경감시원	해양경찰청장 소속 해양환경감시원
가. 제89조 제1항에 따른 출입검사와 보고에 관한 사항	가. 제94조 제2항 제8호에 따른 출입검사와 보고에 관한 사항
나. 해양공간으로 유입되거나 해양에 배출되는 폐기물의 감시	나. 해양시설에서의 오염물질 배출감시 및 해양오염예방을 위한 지도·점검(해양시설오염물질기록부, 해양시설오염비상계획서 및 해양오염방지관리인과 관련된 업무로 한정한다)
다. 해양공간에 대한 수질 및 오염원 조사활동	
라. 해양폐기물 및 해양오염퇴적물 관리법 제7조 제6항에 따른 폐기물 해양배출 위탁자 및 같은 법 제21조 제1항에 따른 해양폐기물관리업자의 사업시설에 대한 지도·검사	다. 해양오염방제업자 및 유창청소업자가 운영하는 시설에 대한 검사·지도
마. 환경관리해역에서의 해양환경 개선을 위한 오염원 조사 활동	라. 해양시설에서의 방제선 등의 배치·설치 및 자재·약제의 비치 상황에 관한 검사
바. 해양시설에서의 오염물질 배출감시 및 해양오염예방을 위한 지도·점검(해양시설오염물질기록부, 해양시설오염비상계획서 및 해양오염방지관리인과 관련된 업무는 제외한다)	마. 오염물질의 배출 또는 배출혐의가 있다고 인정된 경우 조사활동 및 감식·분석을 위한 오염시료 채취 등

제3절 | 방제대책본부 운영 규칙

06 방제대책본부 운영 규칙상 해양경찰청장이 방제대책본부를 설치해야 하는 유출량에 대한 설명으로 옳은 것은?
☐☐☐
19. 해경

> ⊙ 지속성기름 (　　) 이상이 유출되거나 유출될 우려가 있는 경우
> ⓛ 비지속성기름 또는 위험·유해물질이 (　　) 이상이 유출되거나 유출될 우려가 있는 경우

① 10㎘ – 200㎘　　　　　　　　② 30㎘ – 100㎘
③ 30㎘ – 200㎘　　　　　　　　④ 50㎘ – 200㎘

해설

⊙은 10, ⓛ은 100이다.

> **방제대책본부 운영 규칙**
> 제4조 【방제대책본부의 설치 기준】 ① 해양경찰청장은 다음 각 호의 어느 하나에 해당하는 경우에는 방제대책본부를 설치해야 한다.
> 1. 지속성기름이 10㎘ 이상이 유출되거나 유출될 우려가 있는 경우
> 2. 비지속성기름 또는 위험·유해물질이 100㎘ 이상이 유출되거나 유출될 우려가 있는 경우
> 3. 제1호 및 제2호에서 규정한 사고 이외의 경우라도 국민의 재산이나 해양환경에 현저한 피해를 미치거나 미칠 우려가 있어 해양경찰청장이 방제대책본부의 설치가 필요하다고 인정하는 경우

07 다음은 방제대책본부 운영 규칙 제5조에 따른 방제대책본부의 설치에 대한 내용이다. 괄호 안에 들어갈 숫자의
☐☐☐ 합으로 가장 옳은 것은?
20. 경찰, 21. 경찰간부

> ⊙ 중앙방제대책본부: 지속성 기름이 (　　)㎘ 이상 유출되거나 유출될 우려가 있는 경우
> ⓛ 광역방제대책본부: 비지속성 기름 또는 위험·유해물질은 (　　)㎘ 이상 유출되거나 유출될 우려가 있는 경우
> ⓒ 지역방제대책본부: 지속성 기름이 (　　)㎘ 이상 유출되거나 유출될 우려가 있는 경우

① 560　　　　　　　　② 650
③ 810　　　　　　　　④ 900

해설

⊙은 500, ⓛ은 300, ⓒ은 10이다.

> **방제대책본부 운영 규칙**
> 제5조 【방제대책본부의 설치 방법】 ① 해양경찰청장은 오염물질의 유출 규모를 고려하여 다음 각 호의 기준에 따라 방제대책본부를 구분하여 운영할 수 있다. 다만, 유출 규모를 판단하기 곤란한 사고 초기에는 지역방제대책본부를 우선 설치하고, 이후 사고 상황을 평가하여 광역 또는 중앙방제대책본부로 전환하여 운영할 수 있다.
> 1. 중앙방제대책본부
>   가. 지속성 기름이 500㎘ 이상 유출되거나 유출될 우려가 있는 경우
>   나. 중앙재난안전대책본부 또는 중앙사고수습본부가 설치된 경우
> 2. 광역방제대책본부: 지속성 기름이 50㎘ 이상(비지속성 기름 또는 위험·유해물질은 300㎘ 이상) 유출되거나 유출될 우려가 있는 경우
> 3. 지역방제대책본부: 지속성 기름이 10㎘ 이상(비지속성 기름 또는 위험·유해물질은 100㎘ 이상) 유출되거나 유출될 우려가 있는 경우

08 해양경찰청은 해양환경관리법상 방제대책본부 구성 등과 관련하여 방제대책본부 운영 규칙(훈령)을 제정·시행
하고 있다. 다음 중 가장 옳지 않은 것은?

20. 해경간부

① 비지속성기름 100㎘ 이상이 유출되면 해양경찰청장은 방제대책본부를 설치하여야 한다.

② 지속성기름 30㎘ 이상이 유출될 우려가 있는 경우 해양경찰청장은 방제대책본부를 설치하여야 한다.

③ 육지로부터 먼 해상에서 해양오염사고가 발생하여 연안유입 우려가 없는 경우라도 우선 방제대책본부를 설치하여
야 한다.

④ 유출규모를 판단하기 곤란한 사고 초기에는 지역방제대책본부를 우선 설치할 수 있다.

해설

육지로부터 먼 해상에서 해양오염사고가 발생하여 연안유입 우려가 없는 경우에는 방제대책본부를 설치하지 않을 수 있다(방제대책본부
운영 규칙 제4조 제2항 제1호).

2022 대비 최신판

해커스경찰

이상훈
해양경찰학개론 기출문제집

초판 1쇄 발행 2021년 10월 28일

지은이	이상훈
펴낸곳	해커스패스
펴낸이	해커스경찰 출판팀
주소	서울특별시 강남구 강남대로 428 해커스경찰
고객센터	1588-4055
교재 관련 문의	gosi@hackerspass.com
	해커스경찰 사이트(police.Hackers.com) 교재 Q&A 게시판
	카카오톡 플러스 친구 [해커스경찰]
학원 강의 및 동영상강의	police.Hackers.com
ISBN	979-11-6662-779-8(13350)
Serial Number	01-01-01

경찰공무원 1위,
해커스경찰(police.Hackers.com)

📚 해커스경찰

· 정확한 성적 분석으로 약점 극복이 가능한 **합격예측 모의고사**(교재 내 응시권 및 해설강의 수강권 수록)
· 해커스 스타강사의 **해양경찰학개론 무료 동영상강의**
· **해커스경찰 학원 및 인강**(교재 내 인강 할인쿠폰 수록)

해커스경찰
평생 0원 패스

형사법/헌법/경찰학 전 강좌

합격할 때까지 평생 무제한 연장!

* 24개월 상품 기준, 불합격 인증 시 연장

평생 0원 패스
바로가기

경찰헌법
신동욱

형사법
김대환

경찰학
조현

경찰헌법
황남기

경찰헌법
박철한

형사법
이용배

경찰학
이상훈

전 강사 X 전 강좌	검정제/가산점 강의	합격 시
무제한 수강	**무료 제공**	**수강료 전액환급***

*증빙 서류 제출 및 조건 달성 시
*제세공과금 제외

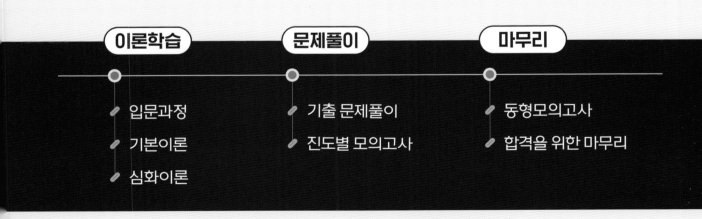

해커스경찰

이상훈
해양경찰학개론 기출문제집

경찰공무원 합격의 확실한 해답!

해커스경찰 해양경찰학개론 교재

기본 ▶ **기출문제풀이**

해커스경찰
이상훈 해양경찰학개론
기본서

해커스경찰
이상훈 해양경찰학개론
기출문제집

정가 **11,000** 원

13350

9 791166 627798
ISBN 979-11-6662-779-8